名师名校名校长

凝聚名师共识
回应名师关怀
打造名师品牌
培育名师群体

　　　　顾明远题

名师名校名校长书系

走向真正的读者

基于整本书阅读的
高中英语教学的思与行

陈燕玲　张欢英　杨志国 ◎ 主编

天津出版传媒集团

天津人民出版社

图书在版编目（CIP）数据

走向真正的读者：基于整本书阅读的高中英语教学
的思与行 / 陈燕玲，张欢英，杨志国主编. -- 天津：
天津人民出版社，2023.3
（名师名校名校长书系）
ISBN 978-7-201-17088-6

Ⅰ.①走… Ⅱ.①陈… ②张… ③杨… Ⅲ.①英语课
—教学研究—高中 Ⅳ.①G633.412

中国国家版本馆CIP数据核字（2023）第046992号

走向真正的读者：基于整本书阅读的高中英语教学的思与行
ZOUXIANG ZHENZHENG DE DUZHE：JIYU ZHENGBENSHU YUEDU DE
GAOZHONG YINGYU JIAOXUE DE SIYUXING

出　　　版	天津人民出版社
出 版 人	刘　庆
地　　　址	天津市和平区西康路 35 号康岳大厦
邮政编码	300051
邮购电话	（022）23332435
电子信箱	reader@tjrmcbs.com

责任编辑	王昊静
装帧设计	言之凿

印　　　刷	北京政采印刷服务有限公司
开　　　本	787毫米×1092毫米　1/16
印　　　张	10.25
字　　　数	185千字
版次印次	2023 年 3 月第 1 版　2023 年 3 月第 1 次印刷
定　　　价	58.00元

编 委 会

主　编：陈燕玲　　张欢英　　杨志国

副主编：赵银艳　　覃爱民　　张之蓉

编　委：喻欢叶　　杨圣有　　向海梨　　吴　岚　　陈　勇　　邓丽花　　唐玲玲

　　　　李桂花　　许玉玲　　赵　影　　万晓玲　　李景翔　　江　英　　彭九元

　　　　吴永旺　　黄艳平　　戴满玲　　夏园洁　　林　立　　蒋明香　　曾　琳

　　　　刘友翠　　冯玲莉　　张海燕　　欧仕梅　　刘庆洁　　刘宇婷　　谭鹤鸣

　　　　黄　芬　　周艳斌　　王群华　　向　芬　　肖华斌　　揭宇梅　　刘薇琪

　　　　许俪铧　　黄始军　　向春燕　　滕　伟　　米智超　　张丽萍　　孙雅云

　　　　吴美金　　张嘉成　　舒迭斯　　施　静　　龙丽红

目 录
CONTENTS

第四章　高中英语整本书阅读在教学中的意义

第 一 章

整本书阅读的概念的研究

　　培根说："读史使人明智，读诗使人灵秀，数学使人严密，物理学使人深刻，伦理学使人庄重，逻辑学使人善辩。凡有学者，皆成性格。"尤其是在倡导全民阅读、推进阅读社会建构的今天，阅读具有重要的现实意义。而将整本书作为阅读对象的阅读，让学生能够更好地建构阅读方法、养成阅读习惯，也培养了学生知人论世涉世的情怀，同时有效地促进了高中英语阅读教学。本章包含三节，主要阐述了阅读的本质与内涵、阅读方法以及阅读的意义，整本书阅读的起源、整本书阅读的意义，阅读教学的目的、英语阅读教学理论基础以及高中英语阅读现状。层层推进，以此来界定阅读、整本书阅读以及阅读教学之间的关系。

第一节　阅　读

　　阅读就是指"阅"和"读"，阅读的字面解释就是看书或读书，是读者从阅读材料中获取信息的过程。阅读的材料包括书面材料和电子材料。书面材料主要是纸质的出版物上的文字，包括符号、公式、图表等；电子材料主要来自手提电脑、平板电脑、智能手机等。阅读的对象就是指语言文字，读者通过与文本的对话交流，认识世界、认识自我。阅读是一种理解、领悟、吸收、鉴赏、评价和探究文章的思维过程；阅读是一种凭借思维来理解信息符号的心理过程，是一种主动的过程，是由读者根据不同的目的加以调节控制，从而陶冶情操，提升自我修养的过程；阅读也是一种以客观精神为特殊对象的实践方式，是人们在改造物质世界的同时进行自我主观世界改造的重要途径。

一、阅读的本质及内涵

　　建构论认为，阅读是读者以解释、建构文本为目的，与文本发生交流和对话的过程。倪文锦、欧阳汝颖认为："阅读是一个读者与文本相互作用，建构意义的动态过程。建构意义的实质是读者激活原有的知识、运用阅读策略适应阅读条件的能力。"

　　互动论认为，阅读是读者与作者、阅读对象发生联系、相互作用的过程。张必隐认为："阅读是从书面材料中获取信息并影响读者与文本相互影响的过程。"古德曼认为："阅读是对书写语言所传播内容的接收，是读者与书写语言之间的相互作用。"

接受论认为，阅读是读者从文本、符号中提取信息、获得意义的过程。王素芳认为："阅读是人从符号中获得意义的一种社会实践活动和心理过程，也是信息知识的产生者和接受者借助于文本实现的一种知识传递的过程。"阅读的本质是基于文本对话而实现人之自我建构的一种实践活动。

苏霍姆林斯基说过"真正的阅读能够吸引学生的理智和心灵，激起他对世界和对自己的深思，迫使他认识自己和思考自己的未来。没有这样的阅读，一个人就会受到精神空虚的威胁"。

叶圣陶曾经在《中学国文学习法》一文中指出："'阅读总得读'。出声念诵固然是读，不出声默诵也是读，乃至口腔喉舌都不运动，只是眼睛在纸上面巡行，如古人所谓'目治'，也就是读"。

语文课程标准明确指出："阅读是搜集处理信息、认识世界、发展思维、获得审美体验的重要途径。阅读教学是学生、教师、教科书编者、文本之间对话的过程。"并强调"要珍视学生独特的感受、体验和理解"。为此，阅读的过程是一个读者积极参与的过程，是一个多方理解和对话的过程，是读者对文本的理解和对话过程。

二、阅读的方法

信息式阅读法。这类阅读的目的只是了解情况。我们阅读报纸、广告、说明书等属于这种阅读方法。对于大多数这类资料，读者应该使用一目十行的速读法，眼睛像电子扫描一样地在文字间快速浏览，及时捕捉自己所需的内容，舍弃无关的部分。任何人想及时了解当前形势或者研究某一段历史，速读法是不可少的，然而，是否需要中断、精读或停顿下来稍加思考，视所读的材料而定。

文学作品阅读法。文学作品除了内容之外，还有修辞和韵律上的意义。因此阅读时应该非常缓慢，自己能听到其中每一个词的声音，嘴唇没动，是因为偷懒。例如读"压力"这个词时，喉部肌肉应同时运动。阅读诗词更要注意听到声音，即使是一行诗中漏掉了一个音节，照样也能听得出来。阅读散文要注意它的韵律，聆听词句前后的声音，还需要从隐喻或词与词之间的组合中获取自己的感知。文学家的作品，唯有充分运用这种接受语言的能力，才能汲取他们的聪明才智、想象能力和写作技巧。这种依赖耳听、通过眼睛接受文字信号，将它们转译成声音，到达喉咙，然后加以理解的阅读方法，最终同我们的臆想能力相关。

经典著作阅读法，这种方法用来阅读哲学、经济、军事和古典著作。阅读这些著作要像读文学作品一样的慢，但读者的眼睛经常离开书本，对书中的一字一句都细加思索，捕捉作者的真正的用意，从而理解其中的深奥的哲理。值得注意的是，如果用经典著作阅读法阅读文学作品，往往容易忽略文学作品的特色，以使读者自己钻进所谓"文学观念史"的牛角尖中去。

三、阅读的意义

古人云："书中自有黄金屋，书中自有颜如玉。"可见，古人对阅读的情有独钟。其实，对于任何人而言，阅读最大的好处在于：它让求知的人从中获知，让无知的人变得有知。读史蒂芬·霍金的《时间简史》和《果壳中的宇宙》，畅游在粒子、生命和星体的处境中，感受智慧的光泽，犹如攀登高山一样，瞬间眼前呈现出仿佛九叠画屏般的开阔视野。于是，便像李白在诗中所写到的"庐山秀出南斗旁，屏风九叠云锦张，影落明湖青黛光"。

罗曼·罗兰说过："从来没有人读书，只有人在书中读自己、发现自己或检查自己。"文本就是一面镜子，可以映射读者自身，读者在阅读中发现自己，看到自己的心灵。阅读由言语上的实现进入自我实现，开拓了读者的审美视野，提升了读者审美境界。阅读可以让人灵魂纯洁。阅读，是在剥除心灵中的障碍，使人的心胸变得空旷，"加法"慢慢变成了"减法"。阅读使人心灵优雅。外在行为的优雅是表面的优雅，真正的优雅是灵魂的优雅，优雅的生命源于优雅的灵魂，优雅的灵魂源于优雅的书籍。读书可以增加一个人谈吐的质量和深度。读书，可以让人掌握知识，而知识就像呼吸一样，吐纳之间，可以见人的气质与涵养。

高中生学习阅读，可以促进心智、情感、态度与价值观的发展，可以促进他们的综合人文素质的提高，可以促进他们的全面发展。阅读可以让人丰富知识，阅读的确很重要，因为阅读可以扩大知识面。在短文里，蕴涵着丰富的语法大师，这对提高选择题的正确率很有帮助。阅读某种程度上可以提高学生对语言的兴趣。阅读还可以扩大词汇量。所谓词汇量不是指知道它的中文意思，而是知道它怎么用。阅读可以保持大脑活跃起来，防止它失去能力；阅读可以减少压力，在读书的过程中可以阅读跟你不同的人，比如来自不同文化或背景的人，了解他们的看法，重新审视原有的偏见。

阅读可以增加对该国家的文化背景的了解。最重要的是，通过大量的阅读，可以形成一种语感。语感的培养是一个综合的、漫长的过程，而要提高语感层次、学好英语，就必须从单纯学课本过渡到阅读原著。文学作品使用的是文学语言。文学语言是语言的精品，其特点是既能达意，又能传神；既有思想的凝练，又有感情的汹涌；既有哲理，又有幽默；既有形象的凸显，又有情节的吸引；既有悬念的联想，又有意境的感受。对于高中生来说，大量阅读原著，进行整本书阅读，可以最大限度地提高学生语感能力，丰富学生的英语知识和背景。书籍是全世界的营养品，有助于学生形成良好的品格和健全的人格；有助于积累词汇，提高写作能力；可以给学生打拼的勇气和战胜困难的力量。

第二节 整本书阅读

整本书阅读这个概念来自语文学科。"整本书"阅读意味着全书阅读，而不是零散的部分阅读。从更深的意义上说，"整本书"阅读是指使用个性化阅读方法并围绕学生学习的整个经典著作与作者、课文、老师和同伴展开对话的过程。

一、整本书阅读的起源

"整本书阅读"并不是新时代的产物，而是有着深久历史渊源的阅读方法与精神。在南北朝时期，出现了《邵明文选》等"选本"的概念，到了宋朝，这种"选本"逐渐流行开来。发展到清朝末期，阅读的主要内容又分成了两派，一派依然主张读"选本"，代表书目有《唐诗三百首》等，而一派主张开始读"整本书" 即"四书五经"等。在20世纪中期之后，教材开始慢慢变得单一化，"文选型" 的教材逐渐有了一席之地。比如梁启超的《国学入门书要目》，在胡适对其进行修订后，这本书对当时的学生具有非凡的意义，因为它为学生提供了阅读的推荐书目清单。到了1941年，叶圣陶开始在《修订中学语文课程标准》中谈到"整本书"阅读，他说："把'整本书'作主体，单篇短章作辅助。"1949年，《中学语文课程标准》也指出："中学语文不仅使用单一课本，也包括其中的一章和一节，以及高中阶段的整本现代语言书籍。"《义务教育语文课程标准（2011年版）》指出"学生要学会正确、自主地选择阅读材料，读好书，读整本书，丰富自己的精神世界"。著名语言学家克拉申也提到过书籍阅读对提升学生阅读能力的重要性。这种提倡把"整本书"作为教材的观念逐渐深入人心，在语文科目阅读"整本书"的基础上，同为语言科目学习，在英语学科中，整本书阅读是相对于短小篇章阅读的完整书册阅读，需要整体规划、整体设计。"整本书"阅读也可以扩展到英语的教与学。 北京教育学院外语与国际教育学院张金秀教授指出，根据学生语言能力以及认知能力的不同，英语整本书阅读可以是10页以内、50词左右的绘本阅读，也可以是上百页、长达3万词左右的英文文学名著阅读。

二、整本书阅读的意义

"阅读真实的书籍和完整的书籍非常重要。阅读'整本书'可以养成阅读习惯，发展语言，锻炼思维，丰富情感经验，促进精神成长"。 真实而完整的书籍为读者提供了原始的生态语料库，可以更好地培养学生的综合能力。虽然教科书进行了解释和处理以此来限制教学的内容和方法，但它是单方面的，学生缺乏真正的阅读目的和动机。在正常的教科书阅读教学中，文章提供的仅仅是摘录，文章的完整性会丢失，使学生在阅读时难以了解事件的成因和后果，并且仅通过表象无法理解其深层含义；通过"整本书"阅读可以使学生对整篇文章有一个全面而深入的理解，有利于培养学生的核心英语素养及其综合素质。

随着中国社会的发展和国际水平的不断提高，英语"整本书"阅读已被学校、家庭和社会所认可，且具有良好的发展氛围。众所周知其是提高英语水平、启迪心灵、增强跨文化交际能力的有效途径。目前一些学者已经围绕"整本书"阅读这个概念开展了许多学术研讨会和学校研究课程。在这种气氛下，随着学校教科书的增加和扩展，英语"整本书"阅读已从享有声望的学校逐渐扩展到中小学。 然而，对于习惯于教科书中逐章教学的中小学英语教师，由于他们对"整本书"阅读的概念不熟悉，因此需要对其加强概念和实践策略的学习和培训。张金秀在《中小学英语整本书阅读的五点主张》中提出了阅读英语"整本书"的五个要求：首先，在英语"整本书"阅读教育的价值定位层面上，他提出应该以人为本；在英语"整本书"阅读路径上，他提议应该在学校的基础课程上为"整本书"阅读提供途径；他还提出了选书的四个要素，并在"整本书"阅读的教学设计上，主张遵循"整进整出"的原则；最后，在"整本书"阅读教学方法中，他认为应该以学生为主体的语用实践为主。韩宝成也认为英语的教与学应遵循"整体进出"的概念，即"整体投入""整体互动"和"整体产出"。英语的学习与语境是分不开的，完整的文本可以为学习者提供完整的上下文，从而使其易于掌握和处理。

此外，教师还应当保证语言输入材料的质量。例如，教师可以选择将英语语言作为母语的国家的学习材料，这样不仅可以确保英语学习的科学性和有效性，学生在阅读中积累的词汇将更加丰富，口语表达将更加准确，文本结构将更加严谨，英语文化内涵也将更加深刻，思维和学习能力将得到全面提高。

在高中英语教学中，很少有学生能阅读完整的英语原著，而且很少有学生真正具有较高的英语语言和文学水平。这与长期以来英语阅读教学的零散性有关。与目前阅读内容较为分散的教科书相比，英语"整本书"阅读具有高度的综合性和整体性，且具有良好的语境，在培养学生的核心素养方面具有独特的优势。在英语学科的核心素养发布以来，高中英语教学不断将重心转移到学生分析和理解文章内容的能力上来，所以从高中开始培养学生的"整本书"阅读能力是很有必要的，学好英语需要英语"整本书"的阅读。教师利用符合学生水平的英语经典作品进行"整本书"阅读，为学生提供了足够的思考空间。在阅读教学实践中，因为不同的学生具备不同的英语能力，因此英语"整本书"阅读可以是10页以下、50字左右的图画书阅读，也可以是100页以上3万字左右的英语名著阅读。老师要引导学生有效地提高语言能力，让学生的思维品质在阅读的过程中得到提高，从而能够养成良好的阅读习惯，这样才能让学生更加喜爱英语阅读并从中受益。在教育改革大背景下，可以尝试开发更加稳定的"整本书"阅读模式，以期对学生核心素养意识的提高有所帮助，并根据高考试题的变化，尝试设计针对不同题型的不同练习，从而为高中更加深入的英语学习奠定基础。

第三节　阅读教学

　　何为阅读教学？课程标准中有这样的表述，"阅读教学是学生、教师、文本之间对话的过程。阅读教学的重点是培养学生具有感受、理解、欣赏和评价的能力。" 阅读教学是在教师指导下学生自主阅读实践活动，学生在阅读活动中具有自主性、独立性，教师则起引导、点拨的作用，而不是用自己的分析讲解代替学生的阅读实践。阅读教学是要学生集体对某书章节作阅读，以熟悉内容，达到教学目的。阅读教学是带有明确知识目标的教学，通过阅读教学，使学生学会读书，学会理解；通过学生、教师、文本之间的对话，培养学生搜集处理信息、认识世界、发展思维、获得审美体验的能力，提高学生感受、理解、欣赏的能力，使学生具备终身学习的能力。

一、阅读教学的目的

　　在阅读教学当中，教师应当首先弄清楚阅读的目的，这是至关重要的，因为阅读目的可以直接影响到阅读的内容和阅读的模式。阅读教学应该能够让学生在阅读的过程中逐渐掌握收集信息、对收集到的信息进行处理和加工然后运用信息，同时能够在阅读的过程中培养出相应的思维、鉴赏、审美以及终身学习的能力。在这种情况下，阅读内容和模式自然会随着阅读目的的多样性而发生变化。在英语学习中，阅读的目的不仅是学习词汇和语法，而且是理解作者用词汇表达的思想。阅读的主要目的应当是让学生能够更加深刻地理解作品中的态度、情感、思想、观点，尤其是作者没有直接表述，而是隐含的。在英语的学习中，阅读还应当让学生的词汇量不断增加，培养学生对于英语篇章的语感，从而使学生的英语语用能力有所提高。阅读的目的是培养阅读习惯，探索阅读方法，建立阅读经验，发展核心素养。因此，在英语阅读教学中，教师可以通过中等难度的英语小说来发展"整本书"阅读，以提高学生的语言、思维以及学习的能力。学生清楚知道自己的阅读目的就可以自行进行阅读材料的选择，从而从中获得自己想要学习的知识，同时阅读目的不仅对学生来说非常重要，对英语教师来说也很重要。如果老师清楚学生的阅读目的就可以在指导学生阅读的时候选取更加精准的方法和措施，从而更好地引导学生进行阅读。在高中的英语阅读教学中，老师往往需要参照语言知识、文化、情感态度、阅读策略等几个教学目标。这也就是要求学生通过英语阅读教学的学习后，不仅能够弄清其中比较基础的语言知识，还能够在真实的语境下对相关的知识进行运用，抑或是在阅读过程中对阅读方法进行掌握和运用，从而快速、有效地获得有效信息，使其通过阅读了解世界、学习新知识从而逐步形成规范的英语思维。

二、英语阅读教学理论基础

在英语阅读教学的策略方面，早在1804年，德国哲学家康德便提出了"schem（图式）"这一概念。这既是读者处理信息的基础，也是阅读意义的整体反映。而图式这一概念最早于1932年由英国现代心理学家伯特利特应用并发展，他认为图式是一种结构，关于心理或智力，在这种结构中，按照一般的特性，有机体将所察觉到的事物组织到"群"中去。作为一种认知构架，图式可以有条不紊地进行信息存储，并能够延长记忆的长度，给预测提供依据，对当前的认知活动起决定作用。在语篇教学中，图式理论是其心理学的基础。学生要想提高自己对语篇的整体理解，就必须不断增加认知图式。图式的分类在不断地发展和完善，起初，卡雷尔将图式分为两类：内容图式和形式图式。后来，鲁姆哈特在此基础上将图式在阅读中分为三种类型：①读者已有的语言知识的语言图式；②读者对阅读材料主体的了解程度的内容图式；③读者对阅读材料结构的熟悉程度的修辞图式。

语言图式是语音、词汇和语法等方面的知识，学习者要想更好地理解文章，就要掌握文章中出现的最基本的词汇、词组、短语和语法句法。"扎实的语法知识是阅读的前提"，因此，语言图式在英语阅读的学习中尤为重要。

内容图式也称主体图式。内容图式可以分为三类：第一类是主题知识，如政治、经济、地理、法律、物理、化学、哲学等方面的知识；第二类是有关世界及其规律的认识，如事物的发展规律等；第三类是文化知识，如风俗习惯、风土人情和民族文化等背景知识。没有丰富的内容图式，读者就不能理解作者的写作思路，也就不能身临其境地去感受、体会作者所描写的内容。如果读者缺乏与阅读材料相关的内容图式，即使识得阅读材料中的所有单词、懂得所有句法结构，也仅仅是停留在文字表面上的理解，而无法理解其本质，无法体会作者的写作意图。

修辞图式的研究内容为阅读材料的文章体裁、篇章结构等。对文章结构的了解能够帮助读者理解文章的内容。学习者掌握的形式图式越多，在阅读过程中就越能深层次地把握各段落的组织及文章的框架。在该理论的指导下，学生应当在阅读教学中和阅读训练中注重对认知图式的建构学习，并对头脑中已经存在的认知图式做充分的利用。在阅读教学中恰当地运用图式理论具有积极的作用，能够提高学生的阅读积极性和阅读兴趣，培养学生在阅读时关注文章的段落大意、主题和框架，而不是单纯关注单词的词义，同时也可以丰富学生的文化背景知识，使学生养成阅读完文章后自觉总结文章的结构和中心思想的习惯。

有效的多模态阅读教学模式为：①导入活动（让学生根据已有的知识经验进行实景实践，熟悉、了解阅读的相关背景知识，为下一步的阅读活动做准备）；②读中活动（学生对文章前后进行略读与精读，教师对文章进行明确指导和讲解补充）；③批判性阅读（学生辩证地思考和总结文章的思想内容，运用批判性与创造性思维对文本进行修正或补充，甚至再创造）；④转化实践（学生将新学知识进行内化，与原有的知识结合建构新的知识体系，运用新的知识体系进行实践演练）。在多模态课堂教学中，教师对自身角色的认识有所转变，教师由单一的传授者转变为积极的引导者、有效的管理者、合理的组织者、亲密的合作者和精密的设置者。在教师展开的实景实践、明确指导、批判性框定、转化实践这四个教学步骤中，教师引导学生发挥主观能动性，在多种符号模态信息的输入与刺激下，通过利用自身的原有知识经验，将阅读理解能力与其他语言技能进行有机结合。该模式要求老师引导学生学习语言知识，扩展文化背景知识，培养学生阅读的策略与技巧，训练学生的辩证性、批判性与创造性思维，促进学生整体文化素质的提高。同时，通过多模态阅读教学，教师明确了自身的教育引导者的身份，提高了对多模态教学理论的认识，了解了多模态阅读课程设计中的因素，学会了根据不同学习情境如何更加有效地重组各符号模态信息，改善了对英语教学策略的运用等；多模态阅读教学有利于学生对语言知识的学习，有利于拓展学生的思维能力，有利于提高学生对语言文化学习的意识，有利于开拓学生的视野，从而在整体上提高学生的语言学习综合能力。

20世纪80年代初，克拉申在《第二语言习得的理论与实践》中提出"语言监察理论（The Monitor Theory）"。克拉申认为，第二语言的学习依赖一种可理解性的语言输出（comprehensible input）。"可理解性的语言输出"是指语言习得者听到或读到的可以理解的语言材料。这些语言材料在难度上稍微高于习得者目前已掌握的语言知识。克拉申又提出了"i+1"概念。"i"代表习得者目前的语言知识状态，"1"代表习得者当前语言知识状态与下一阶段语言知识状态间隔的距离，"i+1"代表习得者下一阶段可能达到的语言知识状态。克拉申认为，要想使学习者从目前的学习水平（"i"阶段）发展到较高的学习水平（"i+1"阶段），教师应提供略高于学习者目前学习水平的语言输入。为了使习得者有效地进行第二语言习得，克拉申提出，当前可理解的语言输入必须具备：语言输入是可理解性的（comprehensible），语言输入是有趣的或相关的（interesting or relevant），语言输入必须有足够的输入量。语言输入不应该按照语法顺序编排（not grammatically sequenced）。依据克拉申的"输入论"，结合教材语篇主题，组织和指导学生进行阅读活动，扩大学生的词汇量，调动学生的阅读积极性，提高学生的阅读理解能力。

三、高中英语阅读教学现状

我国高中英语阅读教学的研究和实践取得了很大的进展，但在阅读教学问题的选择和实践中还存在许多问题。例如，在今天的高中英语学习中，阅读量是小而窄的。在选材方面，目前高中英语阅读教学中使用的阅读材料大多是介绍事件、人物、知识或真理的文章，对于普通学生来说，它们所包含的信息并不丰富，因为它们都属于基于事实信息的素材。由于资源的缺乏，学生在阅读中很少能够产生情感共鸣和精神震撼，因此很难通过阅读形成个性和价值观。总而言之，对于现在的英语阅读来说，英语教材的内容太过单一，而且大多不够饱满，因为这些材料往往都是基于语言知识和考试，信息单一，缺乏趣味性，也正因为如此才导致大多数学生对英语阅读并没有太大的兴趣。

众所周知，阅读理解能力是高中英语教学中最受重视的，学生在高考中获得高分的关键是做好阅读理解题。在实际阅读教学过程中，教学阅读材料主要是英语课本，文章词语数量有限，学生很难达到大量的语言输入效果，同时学生被禁锢在课本知识中，影响了学习语言的积极性和实际运用语言的能力。

《普通高中英语课程标准（实验）》（以下简称《课标》）对高中生的阅读能力和阅读量都提出了比较高的要求，不仅要求学生具备一定的语篇领悟能力和语言解码能力，还要求学生提高阅读速度，增加阅读量，扩大词汇量。根据《课标》的要求，高中英语6级水平的学生课外阅读量应累计达到18万词以上，7级应累计达到23万词以上，8级应累计达到30万词以上。《课标》指出，教学过程应突出学生的主体地位，充分发挥学生的主动性和积极性；要营造宽松、和谐的学习氛围，激发学生的学习兴趣和求知欲望；要让学生树立自信心，获得成就感；要尊重学生的个体差异，重视学习方法指导，培养学生良好的学习习惯和自主学习的能力。在传统的英语阅读课教学中，高中英语教师往往只采用一种较为单调的方法——任务型教学法，也就是提出问题引导学生根据问题清单来完成阅读任务。任务型教学模式大多数都遵循这个具体的教学步骤：pre-reading，fast reading，detail reading，post-reading。当今的阅读教学模式基本遵循阅读前预热、阅读中提问、阅读后讲解语言要点的模式。现如今的普通高中英语阅读教学往往没有结合阅读实际，继续为学生传授基本的词汇和语法知识，教师注重语言知识的讲授，而学生的任务也主要是把老师讲授的内容尽可能全搬到自己的笔记本上，这种学习过程对学生毫无自主可言，学生不能选择自己喜欢的学习方式，而这种学习内容又不需要学生探索和思考，并不能实现阅读的意义，因而学生的学习能力得不到锻炼和培养。产生碎片化阅读这一现象的原因非常复杂，但其主要原因仍然在于语言第一、考试第一的价值取向在阅读课教学中形成了应试第一的教学过程。

由此可见，目前的英语阅读教学中，在阅读选材和阅读教学模式上仍然有许多问题存在。要解决这些问题，就要真正让阅读实现它原有的价值。应当让学生在阅读中不仅可以掌握基本的词汇、语法知识，还能让学生在情感态度上与作者产生共鸣。阅读是以兴趣培养为主的一种养成教育，没有明确的目标，而阅读教学则是带有明确知识目标的教学；阅读是允许学生阅读任何书类报纸类刊物，而阅读教学则是要学生对某书章节进行阅读，以熟悉内容达到教学目的。换句话说，阅读教学应当是学生在老师的指导下进行的独立阅读实践，学生在阅读活动中必须具有自主权和独立性，老师的作用则应当仅仅是提供一定的指导，而不能全盘包揽、剥夺学生亲身阅读的权利，将自己在阅读后的观点强行提供给学生。不得不说，整本书阅读是学生高中生活的触角，当他倦于眼前时，整本书阅读可以成为让其延伸自己生命的教育，不只是让学生成为器，更是要让他成为自己生命的主宰。整本书阅读是英语阅读的灵魂，它不仅能唤起读者的思考，而且能从书中读出深刻的道理。

第二章

高中英语整本书阅读教学模式的研究

阅读教学在高中课堂占据非常重要的地位。但是不同的地方，针对不同阶段的学生，以及不同的教学目标有着各种各样的教学模式。而英语整本书阅读教学，满足了高中英语阅读从语言能力、学习能力以及思维文化等多方面提高的要求。有很多的语言学习者、研究员，以及教育者都对整本书阅读进行了研究。不少学校也已经在初高中开始研究开展英语整本书阅读教学课程。

本章将基于已有的对于高中英语整本书阅读的研究，对高中英语整本书阅读的教学模式进行探讨，主要包括高中英语整本书阅读教学模式的内涵、理论基础、客观依据和书籍选择目标四个方面。通过对这四个方面的介绍、研究和探讨，读者能够对目前高中英语整本书阅读教学有基本的认知和了解，也为在高中课堂真正落实开展高中英语整本书阅读教学提供一定的理论基础和借鉴，让学生能够在体验外国文化的同时，提高自己的英语综合能力。

第一节 高中英语整本书阅读 教学模式的内涵

一、高中英语整本书阅读教学的内涵

根据《普通高中英语课程标准（2017年版）》，学科核心素养成为英语课程教育改革的指南针。英语学科的核心素养包括语言能力、思维品质、文化意识和学习能力四个维度。语言能力就是运用语言做事的能力，涉及语言知识、语言意识和语感、语言技能、交际策略等；思维品质是思考辨析能力，包括分析、推理、判断、理性表达、用英语进行多元思维等活动；文化意识重点在于理解各国文化内涵、比较异同、汲取精华、尊重差异等方面；学习能力主要包括元认知策略、认知策略、交际策略和情感策略。对于高中生来说，英语课本课堂的学习以及试卷中的阅读已经无法满足学生核心素养培养的需求。而且课程标准也提出英语学习不是孤立的学习过程，应围绕某个主题展开，基于语境进行多样化的语篇类型阅读学习。再者，课程标准要求重视以学科大概念为核心，使课程内容结构化，以主题为引领，使课程内容情境化，促进学科核心素养的落实，从而改变了"知识点的灌输式教学"，逐步走向对学生价值观念、必备品格和关键能力的培养。因此，整本书阅读逐渐在国内各个城市兴起。整本书阅读既避免了枯燥的阅读刷题，加大英语阅读的输入量，满足阅读量的需求，也符合课程标准的各种要求。整本书阅读以语境为依托，提高学生词汇量和词汇使用准确性，增强其分析问题能力以及思维活跃性，帮助了解、学习外国优秀文化。

当然，对于国内高中生来说，学习压力非常大，科目多，学习时间紧张有限。那么如何在高中进行英文整本书阅读教学，就具有了特殊的内涵。

1. 强调"整进整出"

整本书阅读第一个核心词就是"整"，指的是一个完整的故事，无论长短。这类阅读活动指的是把一本书当作一个整体，从信息获取、审美、意义构建的整体视角出发，进行整体性阅读。具体而言，包括书籍写作的背景以及作者的介绍；故事的开端、发展、高潮、回落、结尾的完整性阅读以及思考评价；对每个人物性格的认知、了解以及剖析；词汇、句子等语言的收集以及分类；对故事所蕴含的外国文化的赏析等一系列完整连贯的活动。

在系统学的视野下，输入和输出是密不可分的。阅读首选的是和写作结合。在整本书阅读活动中，输出活动可以十分丰富，比如说故事概要、观后感、故事续写、短剧表演、故事情节的辩论赛、人物对话还原等。所有输出活动的设计需要参考大概念，以英语学习观为指导，构建一系列的子活动，在已经完成整本书阅读的基础上，再进行理解实践和迁移创新外化活动。整本书阅读教学活动的开展强调任务的综合性以及每个活动之间的连贯性。任务的完成往往需要学生联系前后文，把握整本书的内容主旨，在这个语境中提取重要信息以及构建结构化的知识，从而全面提高学生的英语学科核心素养。

2. 强调精选语境

教育家艾根主编的《教师的策略》一书中说道："教学中不存在一种可以适合于所有教学情境的模式或者结构，不同的教学目标需要与不同的教学策略相适应，世界上不存在一种万能的教学模式。"因材施教是我们教学的重要原则之一，不同阶段的英语教育对象和教学目标需要多样化的教学模式。教学模式的选取必须对具体的语境做出详细的分析，高中英文整本书阅读强调的是高中和英文整本书阅读两个语境。首先，依据高中生的身心特点，他们已经获得了的英语知识构架以及对于世界的认知，选择合适的书籍以及有针对性的设计输入输出活动和教学目标；其次，书本语境的选择可以是文学名著，也可以是纪实类小说，甚至是文集类作品，但导向一定是树立积极人生价值观的，培育积极阅读者。

3. 强调循序渐进

根据高中生的学习时间构架，以及英文整本书阅读入门较难的特点，采用循序渐进的方式是必要的。各个阶段学生的阅读能力、阅读习惯和阅读量方面应达到的级别标准也都是循序渐进的。

首先是书籍的选择，先易后难，循序渐进。先从简单易懂的小说比如《小王子》《夏洛的网》等开展阅读活动，阅读者如果能够看懂80%的文字，既不会轻易放弃，还能收获一定的成就感。其次，阅读活动的设计也需要循序渐进，先易后难。如果阅读者是第一次阅读英语整本书，那么老师需要进行示范和指导，然后制订阅读计划，监督和落实阅读计划。对整本书有了基础的理解认知之后，再以学生为主体设计应用实践和迁移创新活动。这里特别强调，根据美国著名教育家大卫·保罗（David Pawl）的先行组织理论，在进行整本书阅读之前，有必要了解每位作家的生平简历以及重大成就，每个文著的创作背景、大致情节、主题思想、艺术成就、世界影响、同行评论等。

4. 强调创新设计

高中生每天基本都是沉浸在课堂和作业的世界，英语学科离不开单词的记忆和大量阅读理解的训练，但学习结果也不一定令人满意，而且学生还会觉得枯燥乏味。其实语言学习既是一门技术也是一门艺术，是应该丰富多彩的。高中生进行整本书阅读应该是有趣的，在阅读时可以多样化，如小组PK、设置阅读圈等。阅读后的活动也应该是有趣的，读为基础，从读中写，从读中说，从读中演都是可以的。"高中学生的思维，已经具有一定的阅读、表达能力和知识的积累，大胆发展他们的探究能力，提高他们的观察、理解、分析和判断能力，同时增加他们思考问题的深度和广度，使学生学习英语的过程成为积极主动探索未知领域的过程。"所以阅读后的活动应该是从文本阅读过程中学生自主挖掘，进行评价型、感悟型、积累型、探究型等的活动。通过这些活动，能够充分发挥英文整本书阅读所提供的完整的语境，以自我学习为中心，引导学生从英文整本书阅读中获取系统的知识，提升跨文化理解和表达能力，发展批判性和多元化的思辨能力，形成正确的情感态度价值观以及树立学生的自信，为将来的学习和终生学习奠定坚实的基础。

二、高中英语整本书阅读教学的课程类型

前文提到高中英语整本书阅读强调整进整出，在课程设计上也是要以此为依据，教学活动应该与学生的阅读能力以及进度保持一致。纵向上，表现为学生的能力进阶性，以"导读课—讨论交流课—应用创新课"的课程类型形式层层递进，充分以学生为中心，保证学生学习的整体性和连贯性，充分提高学生的核心素养。

1. 导读课

导读课是开启英文整本书阅读的第一步，尤其对于第一次进行整本书阅读的人来说极为重要。鲁子问老师提出导读必须遵守以下几个原则：

（1）促进向善发展。人性向善是必然、天然的人性追求，导读课需要引导阅读者选择读物，进行提问，价值构建，进一步引导他们本着向善的原则理解和体验文本、人物、行为。

（2）培育文化之根。阅读是文化体现和传递的基本方式，文化则是以

文字或其他符号为载体的。构建人类命运共同体需要我们接受和了解文化多样性，也是跨文化阅读的价值体现。

（3）引导适应性阅读，即读与自身兴趣、需求、能力、习惯、认知水平、价值取向和思维特质相符的读物，但这只是阅读的起步，是非专业阅读的常态。鼓励读者进行突破适应性阅读的舒适区，做到自我飞跃。

（4）发展批判精神。引导读者敢于批判、学会批判，尤其是自我批判，进而开展批判性阅读，发展批判性思维能力。

（5）导向自主阅读。以自主性为基础，引导自主阅读，同时批判性质疑，否定导读者，发展阅读的自主性。

根据高中整本书阅读的目标，导读课程应该遵循动机—发现—自主的导读过程，然而考虑到高中生的身心特点以及学习压力，应该调整为兴趣—好奇—自主的导读模式。那么如何激发读者的兴趣呢？提问应该是最直接最有效的方法，包括对作者背景信息的讨论，如对国籍、家族、社会影响力、公信力、职业、习作风格、生平事迹以及生活和情绪状态等的提问，对写作目的的提问，对阅读书籍影响力的提问，对评价者的提问以及对书本编辑、插画和封面等的提问。刺激了阅读者兴趣，激发他们的好奇心，接下来就是引导他们去探索一本书，从目录出发，对目录进行提问和分析。然后从read for information和read for appreciation两个方面给他们布置任务，由读者自主完成阅读任务。如果是第一次阅读，教师应该向读者展示一些实用的学习方法，如做旁注、处理生词障碍、使用读书卡片、做好词好句的摘抄等。除此之外，可以借助文学阅读圈的模式，让他们的目的更加明确。任务角色包括了阅读组长、总结概括者、文化联结者、实际生活联结者、词汇大师和篇章解读者。故事的自读提倡采用"弗雷塔格金字塔"情节故事内容。弗雷塔格金字塔能够形象、直观地呈现出故事情节发展脉络，为读者下一步的深入阅读提供有力的帮助。

2. 讨论交流课

在学生自读并对故事有了基本了解后，就应该进入到讨论交流环节，需要讨论的内容很多。首先是对每个章节故事的回顾，可以通过what、when、who、where、how等的提问，对章节的主要情节进行回顾和把握。其次，对人物性格进行分析探讨。小说的主角是必须要进行分析交流的，可以通过人物的words、appearance、ideas、behaviors、influence几个方面进行小组讨论。阅读者也可以自主选择自己觉得有意思的人物，促使阅读者对整本书的理解，从表层走到深层。更有趣的是，小组探讨会引发学生们的思想碰撞，他们会对生命、友情、亲情、爱情等有更深刻的认识。接下来，就是语言赏析。优秀的阅读文本，不管是词汇、句子还是写作修辞手法都值得赏析，是学生的写作能力提升关键的一步。如人物的外貌描写、内心活动叙述、表达"说""哭""笑"的词汇、动作链词汇、小词的恰当选择等。在对每个章节以及人物性格有了深入的理解之后，就可以开展整本书的主题和写作目的探讨、题目的探讨。从微观、宏观多个角度小组分析讨论甚至可以辩论，达到引导学生深入理解整本书的目的，还提高了他们的思维能力以及语言能力，为下一步的输出做充分准备。

3. 应用创新课

阅读之后的创新活动是一种突破性的创作鉴赏活动，需要创新性和超越性。形式丰富多彩，完成方式可以是个人、两人搭档、小组。比如说可以根据对人物性格的分析，对文中某个片段进行配音，情景剧再现，续编剧场，书写读书笔记、读后感，绘制思维导图、气泡图、鱼骨图，流程图，主题以及文本中优秀文化辩论赛，读后续写甚至改写故事。所用即所学，突破传统单一的写作模式，从语言能力、学习能力、思维能力和文化素养四个维度提升学生的英语学科核心素养。

第二节　高中英语整本书阅读教学的理论基础

　　学习语言的最终目的是应用交流。而英语，作为我们的一门外语，外语的学习和习得是一门科学，需要理论的指导和支撑，才能学得更快更好，用得也更好。接下来介绍指导高中生进行整本书阅读的一些理论基础。

一、输入和输出假说

　　语言学家克拉申在1981年提出输入假说。他认为，输入假说是二语习得的重要依据，包括学习习得假设、监察假设、自然顺序假设、输入假设和情感过滤假设等五种假设。输入假设认为，理想的输入有四个基本特点：可理解性、既有趣又有关联、非语法程序安排以及有足够的输入量。根据这四个原则，学习者的输入必须是可以理解的，如果太难，那么就是无效的，只有学习者能够理解才能被习得。同时量必须是足够的，输入的内容是有关联的，并不是按照语法程序安排刻意而为之。可拉申还提出了"i+1"原则，即输入的内容必须在学习者现有的知识水平基础之上，不多不少，"+1"就行，这样的输入才是有效的。多了，学习者接受不了，少了，没有效果。

　　另外克拉申认为："语言输入如果要顺利地进入语言的大脑区域，语言输入的量和学习者的情感过滤程度起关键作用。"可理解的输入是必须的，但也是不够的。可拉伸提出了情感过滤假说，他提出学习者的情感以及学习态度是一个过滤器，会对语言的输入进行过滤。低情感过滤，更多的语言能够自由通过，高情感过滤将语言输入大部分甚至全部过滤掉无法进入大脑学习。因为，在高中生进行整本书阅读时，要选择学生感情的阅读文本以及让他们舒适的阅读方法、阅读任务以及阅读活动。

另一位语言学家斯温（Swain）通过对加拿大法语沉浸式教学的调查研究提出了可理解输出假设，明确了其能够提高二语学习者语言表达的流利度和准确性。斯温认为语言仅仅有输入是不够的，输出也非常重要。在输出活动中，学习者需要通过思考，将所学习的知识变成语言表达自己，以达到传递信息的作用。语言输出理论有三大功能：注意/触发功能、检测/假设功能以及元语言功能。注意/触发功能指的是语言输出能够促使学习者注意到他们想要表达的内容和能够表达的内容之间的差距，进而使他们意识到学习过程中遇到的困难，引起他们对语言形式的注意。检测/假设功能指的是学习者在学习目标语时，会对自己的语言提出假设，然后用所学的信息去验证、分析和修正。当遇到困难时就会纠正自己，继续学习，改正错误，同时老师也可以给予及时的指导和纠正，这样就形成了输入和输出的积极关联。元语言功能指的是学习者运用语言来分析和描述语言，是对语言形式的思考。语言表达和语言反思对语言的运用能够起到积极的作用。

输入和输出理论相辅相成，只有两者紧密结合，才能进行最有效的二语学习，也为高中英语整本书阅读提供重要的理论支撑。

二、整体论教学观

20世纪后半叶，在哲学和科学两个领取非常流行一个概念——整体论。整体论的创始人斯马茨（Smuts）认为，"整体是经过创始性进化而形成的大于部分整体之和的实在"。他指出，小的单元倾向于发展成大的整体，这些大的就会不停变成更大的，但是整体是无法分解成部分的，因为整体中有部分没有的东西。在整个世界里，任何事物和整体是相互联系、相互影响着的。整体论被广泛运用于多个理论，也包括教育和语言的学习。20世纪70年代，在北美就出现了整体教育思潮和整体主义教学观。整体主义教学观的主要观点包括：①教育最根本目的是培养人与生俱来的成长的可能性，促进人的智力、情感、身体、社会等各个方面的全面发展，是以人为本的全人教育。②重视体验性学习，整合多种方法。学习是学生自身生成的，是全脑全身参与的加工过程，教师应该在这一过程中发挥积极促进作用，整合各种方法，创造富有个性的教育风格，而不是单独乏味地使用单一的方法。③求得与地球共生。地球是个复杂的生命系统，其中一切生灵都是息息相关的，彼此支撑，教育必须扎根地球的生命生态，滋生出学生对他人和对地球的责任感。 根据整体教育观，外语教育的根本教育问题是如何通过教育和教学从整体上培养人。不少研究者都对此作出研究，本文参照的是韩宝成提出的整体外语教学理论。

1. 目标观：学生的整体发展

教育的目的是培养人，使得个人得到自我完善。既要重视人的价值，也要考虑社会的功能。以学生为主体，以他们的整体发展为目标，要去坚持外语课程工具性和人文性的统一。工具性指的是语言作为交流工具、思维工具和文化载体的属性，既需要培养学生学会使用外语交流，发展思维，也有学习和传播文化的任务。人文性指的是培养学生如何做人，理解并实行人类共同的、最基本的、最优美的价值观念，发展学生的人文思想，培育人文精神和提升人文素养，也就是"育人"作用。实现这一目标，学生的整体发展可以从三个方面来理解和实现：①学文化。学习外语，能够运用外语知识理解，恰当运用所学语言表达和交流。②启心智。学习外语是需要在原来的大脑储蓄上，建立另外一套外语概念系统，因此学生的概念系统得到了丰富，心理空间得到了扩大，心智也得到了发展。而且，语言和文化的不同会导致我们说不同语言的人会有不同的思维模式。因此学习外语可以让学习者了解外国文化，发展辩证思维。③达至善。善指的是以人为本、乐观向上、积极进取、善思博识、崇真尚美、包容豁达、家国情怀、勇于担当、国际理解等。这是学生整体发展的最终目标。

2. 课程观：课程的整体设计

外语课程的设计要以内容为纲，与语言为介质，语言和思维并重。这样就能达到如上所述的三个目标。课程的选择往往会考虑几个因素，第一，会考虑内容和文化体现出来的是以人为本，包含着知识、思想和智慧，富有人文精神，有利于培养学习者的人文素养。第二，学习材料语言规范、地道、真实。有简有繁，有易有难，适合语言学习者得习得规律。第三，学习材料的情景真实，有内容，有结构、功能和意念，适合交际和做事、理解、思考、辩证以及表达交流。

3. 教学观：教学整体实施

整体教育观认为，教和学是一体不可或缺的，教的目标是学，学的基础是教。教师、学生、教、学四个元素在整体教学理论中发挥着各自非常重要的作用，促使学习者进行有效学习。在此基础上，外语教学和外语学习体现了"整进整出"理论，也就是说整体输入，整体互动和整体输出。输入、互动、输出是密不可分，相互依存的。在第一个理论中已经解释了输入和输出假设，在此就不重复。整体互动，是指在有了足够的语言文化思维输入之后，学习者还是无法直接有效输出的，需要进行互动，尤其是用心的互动，所输入内容才可以被吸收。二语习得研究的互动是会话互动，尤其是学习者和外语、本族语人之间的交流互动。当然，条件限制有些地方无法实现，那么就可以采取弱互动，比如倾听、模仿、朗读、看书等，是听者和说者、读者和作者之间的互动。慢慢再提升到课堂的师生互动，学生讨论以及辩论。这就要求教学者按照目标认真设计课程，充分发挥其设计、指导和帮扶的作用，去创造和发现机会，让学习者产生互动，把输入转化成学习者可以直接应用的知识。

高中英语整本书阅读，根据整体教学论的三个方面，即学生的整体发展，课程的整体设计，以及教学的整体实施，使之变成一种真正提升学习者语言、文化、思维多方面能力的方式方法。

三、UBD理论

UBD（understanding by design）的意思是"追求理解的设计"，是当代美国教学改革专家Grant Wiggins和Jay McTighe积极倡导的一种教学设计框架。该理论认为最好的教学设计应该是以终为始，从学习结果、学习目标开始逆向思考。UBD逆向设计理论包含了三个阶段：①确定预期结果；②确定合适的评估证据；③设计学习体验和教学。在教学过程中，教师应该担任"导游"的角色，先确定学习的目标，如同游玩的目的地一样（确定预期结果），再思考如何到达目的地（确定合适的评估证据），然后就带领学习者亲自去体验，感受整个学习过程（设计学习体验和教学）。高中生整本书阅读设计的第一阶段：确定预期结果。可以从教学目标出发，从语言能力、学习能力、思维品质和文化素养四个维度，选择合适的书本，明确每个章节，每个故事的价值。第二阶段：确定合适的评价证据。也就是要求教师根据学生的特点以及阅读本的特点，思考如何设计合理阅读的方法，来让学习者达到预期学习目标。第三阶段：设计学习体验和教学。根据前两个阶段的设立，教师就可以正确选择教学方法、教学重难点、教学资源以及教学顺序来达到第一阶段所设立的目标。UBD逆向设计理论，能够有效引导学生进行阅读任务的实施，检测、评价学生的课后阅读成果，提升课堂教学效率。

四、建构主义教学

建构主义源自关于儿童认知发展的理论，由于个体的认知发展与学习过程密切相关，因此利用建构主义可以说明人类学更好解释学习过程的认知规律，也就是说能较好地说明学习如何发生、意义如何建构、概念如何形成，以及理想的学习环境应包含哪些主要因素。建构主义的知识观：知识不是客观的东西，而是主体的经验、解释和假设，也就是说知识是人在实践活动中对新事物、新现象、新信息、新问题所作出的暂定性的解释和假设。建构主义的学习观：学习是学习者主动建构知识的意义，进而生成自己的经验、解释、假设。具有主动建构性、社会互动性和情境性的特点，需要学习者主动结合自己的经验来理解社会以及外部世界。建构主义教学观：根据建构主义的知识观和学习观，知识不是东西，学习不是接受东西，而教学并不是传递东西，而是创设一定环境和支持，促进学习者主动建构知识。教学应该是激发学生原有的相关知识，刺激知识经验的"生长"，促进学生的知识建构活动，以实现知识经验的重新组织、转换和改造。

建构主义理论代表者之一皮亚杰指出，建构主义强调的是以学生为中心，师生之间、生生之间的合作学习。包含了情境、协作、会话、意义构建等四个重要因素。也就是说，教师需要创造和学习主题的内容基本一致的情境，学生和教师之间要合作互助，学生与学生之间多展开对话以及讨论，最终达成学生对学习内容所反映的事物的性质规律以及事物之间内在联系形成深刻的认识。该理论对于我们进行整本书阅读教学是极具指导性的。首先，选择语境，设立目标。根据学生现有的知识水平和经验，选择合适的书籍，然后设立语言、文化、思维以及学习四个维度的目标。其次，独立探索，积极体验。发挥学生的独立自主性，主动去探索故事的发生、人物性格的变化、故事的明线和暗线，鼓励他们通过自己的努力，体验和探索，以及小组的会话讨论等方式从而获取新的认知和语言知识。

五、模因论

模因论（memetics）是一种基于达尔文进化论的观点，解释文化进化规律的新理论。它指文化领域内人与人之间相互模仿、散播开来的思想或主意，并一代一代地相传下来。该理论认为，社会存在和发展的基本原则是模仿。从模因论的角度来说，语言模因揭示了话语传播和语言传播的规律。在外语教学中得到了广泛的应用。其中，Stem认为"语言学习主要是模仿，应该像是儿童那样模仿一切。"而教育和知识的传授、语言本身的运用、通过信息的交流和交际是语言模因论的三个重要方面。语言中的任何字、词、短语、句子、段落和文章都能够通过模仿进行学习，也因此都可以成为是模因。运用该理论，对培养学生的听、说、读、写、译几个方面的综合能力都有重要的作用。在整本书阅读中，小说展示的最地道的表达方式和文化思维模式，学生通过模仿产出的也是高质量的。当然语言的复制也并不都是一成不变的，学习者会对所输入的语言进行复制学习，理解背诵，然后再同化吸收以及记忆，最后再用于表达，交流输出。

第三节　学科核心素养背景下高中英语整本书阅读教学的客观依据

　　随着新课程标准的提出和学科核心素养四个维度的指导，整本书阅读逐步在国内兴起，越来越多的教师都开始对其进行研究探索。接下来笔者就关于整本书阅读已经出现了的文献进行回顾和整理。

　　首先是关于英文名著的阅读，在高中阶段的价值得到了一致认可。根据陈学斌所述，选取与学生心理特征、心智状态、认知能力和现有水平相适应的读物，开展量大质优的语言输入活动，不但能提升学生的口头和书面输出水平，还能帮助他们适应多种阅读情境，并发展阅读技巧和能力。吕良环认为，还可以让学生熟悉英美民族文化、生活、习俗和思维，拓宽文化视野和思维空间，培养发展的眼光和开放的心态，更好地思考人生价值、时代精神以及家国命运的同频共振等。另外，对于整本书阅读也并没有停留在理论和表面。巫彬、彭晓娜等人根据阅读需求，列出了阅读书目，积极发动教师组织导师团队，建设名著阅读俱乐部，在课堂上摸索、思考、归纳、总结和优化等。胡琴整理出包括快速阅读法、精读法、跳跃式和浏览式在内的多种读法。张金秀提出了学生阅读能力测评、学生独立阅读以及教师指导性三位一体的分级阅读指导模式。何开朗、曾红敏提出了教师先读、师生共读和学生自读的整本书阅读范式构架。总而言之，已有的英语整本书阅读研究覆盖面广，从意义、价值和重要性到名著书目推荐等，然而也存在了很多的不足。接下来就从教师、教学以及学生几个角度来分析。

一、教师在高中英语整本书阅读教学中存在的问题

1. 教学方法单一，教学模式落后

高中阶段教师，大部分兢兢业业、一心为学生们的提分着想。因此，教师们一直是沿袭传统的翻译教学法进行教学。教师在课堂上占据主要地位，填鸭式的灌输词汇语法，然后再考试讲题。学生就变成了被动的知识接受者，而不是自发的主动积极的学习参与者。很多高中教师认为，学生只需要背单词，弄懂文章意思，会做题就可以了，至于作文，背诵足够量的作文模板就能够达到质的飞跃。这样就很容易忽略教材文本所提供的语言素材、逻辑结构和所蕴含的文化知识。对于文本的背景和阅读技巧的介绍也是很少的。所以，学生的阅读水平提高很慢而且很容易出现瓶颈，对课堂失去兴趣也降低了他们上课的主动性。

2. 阅读策略和技巧指导不足

很多高中英语教师，因为高考压力大，把课堂学习、课外阅读以及试卷的阅读理解混为一谈，只讲述与考试做题相关的技巧。忽略了语言的本质学习，把大量的时间花在词汇讲解，重复枯燥没有语境的练习上。学习的文本也仅仅限制于教材，忽略了学生英语语言知识的积累，文化的学习以及思维的培养，把教材课文当作知识的载体，分析解释某些语言现象，然后进行大量的无语境的枯燥乏味的练习。另外，有一部分教师本身就缺乏对于整本书阅读策略和技巧的认知，自然无法对学生进行恰当的指导和示范。

3. 忽略了学生阅读的兴趣

兴趣是学习的前提，所有人都无法否认这个观点。但是高中学习时间

有限，任务多，教师们就理所当然认为如何能提高分数就如何去做。短期来看，花时间去做课外的整本书阅读，学生的考试成绩并不一定能够得到提高，所以教师就会把大量时间花在题海练习和讲解中，枯燥重复，会让学生们感觉到语言的学习就是为了做题，失去了语言作为一种交流工具，作为一门艺术的实用性和有趣性。久而久之，教学方式死板、乏味，学生的阅读兴趣、学习兴趣也会逐渐降低，甚至产生畏惧和排斥心理。

4. 没有纠正学生的不良学习习惯

我们会发现，高中生在学习尤其是阅读过程中，一旦碰到不认识的单词就会立马拿起字典查字典，甚至使用翻译笔，大篇幅翻译。首先这个会影响学生的学习速度，其次会影响语境理解能力的提升。另外，很多学生都是喜欢自己看自己的，不参与问题的回答，也不参与会话活动，理解对与错是无法得到检验的。教师没有对这些不良习惯进行指出和纠正，久而久之，这些习惯就很难改掉，严重影响学生整体外语能力的提高。

二、高中英语整本书阅读教学中教学方法存在的问题

虽然高中英语整本书阅读在国内很多地方都已经开始实施，但是对于如何教、如何才能取得最好的效果，都还在不断的探索当中。教无定法，贵在得法。不同的教学者在实践整本书阅读的过程中会有不同的教法，而其中有些方法是不太有效的。有的教师会直接带领学生一步一步翻译每个章节，只负责文章故事情节看懂就可以了。有的教师把整本书当作泛读材料，掌握故事的大概情节即可。从某个程度上说，可以加强学生的预测和课文理解能力，但是整本书阅读的价值并没有得到完全的利用，如语言的开发利用、小说主题和人物性格如何塑造以及写作的目的的探索、优美句子的模仿使用等。

三、学生存在的问题

1. 词汇问题

高中生进行整本书阅读最大的问题莫过于词汇量不足。词汇量偏小，对于词汇意义的深度和宽度理解不深，都会影响阅读的进行，无法正确理解一本书的主题，而且很多学习者会因此而失去探索整本书信息的兴趣。由此可见，词汇真的太重要，有些学生甚至会因为词汇不足，对阅读产生犯难情绪。

2. 时间问题

有人说高中学习就是与时间作战，谁能够合理计划安排三年时间，就赢了一半。整本书阅读，很多学生一开始接触是敬而远之的。觉得太难了，自己做不到，主要是自己无法安排时间来进行课外阅读，试卷作业都写不完。整本书阅读就只能靠边站了，或者会有一些对英语感兴趣、做事效率高的学生来参与完成。

3. 思维以及文化缺失问题

很多高中生从小就开始学习英语，但是他们学习的内容仅限于教材的语言知识、篇章类型以及语法结构，很少了解西方文化以及中西方思维方式的差异。但是在进行整本书阅读时，学习者即使认识所有的单词也无法理解故事的发展，问题基本都是由于他们没有了解到所读书籍的写作背景和西方文化，以及外语思维表达方式和汉语的不同。

4. 学生的自主学习能力不足

虽然已经是高中生，但是很多都是依靠教师管理得紧，督促其学习，成绩才能好，反之就会停滞不前甚至是退步，对教师有着极强的依赖性。他们的自我管控能力以及约束能力是非常弱的，这个对于他们进行整本书阅读存在很大影响。

通过以上对高中英语整本书教学和学习的研究，我们发现还有不少问题存在，需要逐步提高和改善。从教师角度上，需要不断学习新的教学方法、阅读策略，提高教学效率以及学生学习的积极性和主动性。认真研读如何平衡高中实施整本书阅读教学的利弊，扬长避短。善于发现学生的问题并且及时纠正。从学生角度上，克服畏惧心理，先从第一本书开始，万事开头难，但有了第一本，后面的就会简单很多。学会去书本里挖掘语言的宝藏和外国文化的神秘，感受其趣味性。模仿使用地道外语来表达自己的想法并且参与到会话以及故事的编写等活动中去。如果教师、学生能够不断学习进步，改善提高，高中英语整本书阅读也会得到扩展，其影响力会越来越大，对于学生的影响也会越来越深。根据前文，我们已经知道，整本书阅读是提升学生英语学科核心素养有效的途径之一。 一旦整本书阅读在高中阶段得到了推广，学生的语言能力、学习能力、思维品质和文化意识等都会发展的。

第四节　高中英语整本书阅读的书籍选择和目标设置

一、高中英语整本书阅读的书籍选择

基于阅读的重要性，根据不同的标准，不同的语言学习者整理了不同的书目清单，尤其是针对名著，有"人类名著50种""人类名著100种""影响人类的100本书"。为指导我国中小学阅读，教育部委托教育课程教材发展中心组织相关专家编写了中小学阅读指导目录（2020）版，列出了300种建议中小学生阅读的书目，接下来给大家列出高中阶段的名著书目（见表1）。

表1

序号	推荐学段	分类	图书名称	作者
1	高中	人文社科	《共产党宣言》	［德］马克思、［德］恩格斯著
2	高中	人文社科	《实践论矛盾论》	毛泽东著
3	高中	人文社科	《习近平新时代中国特色社会主义思想学习纲要》	中共中央宣传部编
4	高中	人文社科	《大众哲学》	艾思奇著
5	高中	人文社科	《中国特色社会主义基本原理》	韩庆祥、张健、张艳涛著

续 表

序号	推荐学段	分类	图书名称	作者
6	高中	人文社科	《中国共产党历史》	中共中央党史研究室著
7	高中	人文社科	《新中国70年》	当代中国研究所著
8	高中	人文社科	《中国历史十五讲》	张岂之主编
9	高中	人文社科	《中华法制文明史》	张晋藩著
10	高中	人文社科	《锦程：中国丝绸与丝绸之路》	赵丰著
11	高中	人文社科	《论语译注》	杨伯峻译注
12	高中	人文社科	《老子今注今译》	陈鼓应译注
13	高中	人文社科	《资治通鉴选》	王仲荦等编注
14	高中	人文社科	《中国思想史纲》	侯外庐主编
15	高中	人文社科	《中国文化精神》	张岱年、程宜山著
16	高中	人文社科	《人间正道是沧桑：世界社会主义五百年》	顾海良主编
17	高中	人文社科	《简明世界历史读本》	武寅主编
18	高中	人文社科	《简单的逻辑学》	［美］麦克伦尼著
19	高中	人文社科	《孟子译注》	杨伯峻译注
20	高中	人文社科	《庄子选集》	陆永品选注
21	高中	文学	《楚辞选》	陆侃如、龚克昌选译
22	高中	文学	《汉魏六朝诗选》	余冠英选注
23	高中	文学	《唐宋散文举要》	王水照著
24	高中	文学	《唐宋传奇选》	张友鹤选注
25	高中	文学	《宋词选》	胡云翼选注
26	高中	文学	《窦娥冤：关汉卿选集》	（元）关汉卿著/康保成、李树玲选注
27	高中	文学	《西厢记》	（元）王实甫著/王季思校注
28	高中	文学	《牡丹亭》	（明）汤显祖著/徐朔方、杨笑梅校注

序号	推荐学段	分类	图书名称	作者
29	高中	文学	《三国演义》	（明）罗贯中著
30	高中	文学	《徐霞客游记》	（明）徐霞客著
31	高中	文学	《红楼梦》	（清）曹雪芹著
32	高中	文学	《官场现形记》	（清）李伯元著
33	高中	文学	《人间词话》	王国维著
34	高中	文学	《鲁迅杂文选读》	鲁迅著
35	高中	文学	《呐喊》	鲁迅著
36	高中	文学	《彷徨》	鲁迅著
37	高中	文学	《屈原》	郭沫若著
38	高中	文学	《子夜》	茅盾著
39	高中	文学	《茶馆》	老舍著
40	高中	文学	《边城》	沈从文著
41	高中	文学	《家》	巴金著
42	高中	文学	《暴风骤雨》	周立波著
43	高中	文学	《曹禺戏剧选》	曹禺著
44	高中	文学	《围城》	钱锺书著
45	高中	文学	《射雕英雄传》	金庸著
46	高中	文学	《平凡的世界》	路遥著
47	高中	文学	《哦，香雪》	铁凝著
48	高中	文学	《历史的天空》	徐贵祥著
49	高中	文学	《三体》	刘慈欣著
50	高中	文学	《中华传统文化经典百篇》	袁行霈、王仲伟、陈进玉主编
51	高中	文学	《经典常谈》	朱自清著
52	高中	文学	《语文常谈》	吕叔湘著
53	高中	文学	《诗词格律》	王力著

续 表

序号	推荐学段	分类	图书名称	作者
54	高中	文学	《乡土中国》	费孝通著
55	高中	文学	《堂吉诃德》	［西班牙］塞万提斯著／杨绛译
56	高中	文学	《哈姆雷特》	［英］莎士比亚著／朱生豪译
57	高中	文学	《普希金诗选》	［俄］普希金著／查良铮译
58	高中	文学	《悲惨世界》	［法］雨果著／郑克鲁译
59	高中	文学	《大卫·科波菲尔》	［英］狄更斯著／宋兆霖译
60	高中	文学	《战争与和平》	［俄］列夫·托尔斯泰著／刘辽逸译
61	高中	文学	《莫泊桑短篇小说选》	［法］莫泊桑著／张英伦译
62	高中	文学	《契诃夫短篇小说》	［俄］契诃夫著／汝龙译
63	高中	文学	《老人与海》	［美］海明威著／李育超译
64	高中	自然科学	《齐民要术》	（北魏）贾思勰著
65	高中	自然科学	《天道与人文》	竺可桢著／施爱东编
66	高中	自然科学	《科学史十论》	席泽宗著
67	高中	自然科学	《数学文化小丛书》	李大潜主编
68	高中	自然科学	《时空之舞：中学生能懂的相对论》	陈海涛著
69	高中	自然科学	《呦呦有蒿：屠呦呦与青蒿素》	饶毅、张大庆、黎润红编著
70	高中	自然科学	《5G＋：5G如何改变社会》	李正茂等著

续 表

序号	推荐学段	分类	图书名称	作者
71	高中	自然科学	《科学革命的结构》	〔美〕托马斯·库恩著
72	高中	自然科学	《笛卡儿几何》	〔法〕笛卡儿著
73	高中	自然科学	《自然哲学之数学原理》	〔英〕牛顿著
74	高中	自然科学	《狭义与广义相对论浅说》	〔美〕爱因斯坦著
75	高中	自然科学	《化学键的本质》	〔美〕L·鲍林著
76	高中	自然科学	《物种起源》	〔英〕达尔文著
77	高中	自然科学	《基因论》	〔美〕摩尔根著
78	高中	自然科学	《生命是什么》	〔奥〕薛定谔著
79	高中	自然科学	《天体运行论》	〔波〕尼古拉·哥白尼著
80	高中	自然科学	《计算机与人脑》	〔美〕冯·诺伊曼著
81	高中	自然科学	《从存在到演化》	〔比利时〕普里戈金著
82	高中	艺术	《美学散步》	宗白华著
83	高中	艺术	《美源：中国古代艺术之旅》	杨泓、李力著
84	高中	艺术	《生命清供：国画背后的世界》	朱良志著
85	高中	艺术	《中国古代服饰研究》	沈从文编著
86	高中	艺术	《中国皇家园林》	贾珺著
87	高中	艺术	《名家讲中国戏曲》	《文史知识》编辑
88	高中	艺术	《漫画的幽默》	方成著
89	高中	艺术	《我的音乐笔记》	肖复兴著
90	高中	艺术	《艺术的故事》	〔英〕贡布里希著/范景中译

在这90本高中名著书目中，外国名著有23本。外国名著都已经有中文翻译版本，但并不建议直接读中文译本，因为每个国家语言使用的遣词造句是非常有讲究的，翻译成中文后可能会失去原有的韵味和语境义。当然

有些读者可能会担心自身的知识水平和语言能力达不到外语名著的阅读，建议把原著和中文版本进行对照阅读。有阅读英语原著的语言能力水平和阅读条件的读者，提倡阅读英文原著，可以更好地把握英语原著的语言和价值以及作者的意图。其实英语作品的阅读也必然是可以提高读者的英语语言能力水平的。《普通高中英语课程标准（2017年版）》明确规定要求学生有一定的课外阅读量，高中生的要求是不低于20万字的阅读量。

不仅是国内，其实在国外，比如美国自20世纪40年代以来就开始大力推行阅读活动。接下来展示他们根据不同级别设立的不同书籍阅读，以供大家选择合适自己的书籍做参考（见表2）。

表2

Stage	Category	Titles
K–1	Stories	Minarik, Else Holmelund. *Little Bear* Eastman, P. D. *Are You My Mother?* Seuss, Dr. *Green Eggs and Ham* Lopshire, Robert. *Put Me in the Zoo* Lobel, Arnold. *Frog and Toad Together* Lobel, Arnold. *Owl at Home* DePaola, Tomie. *Pancakes for Breakfast* Arnold, Tedd. *Hi! Fly Guy*
	Poetry	Anonymous. "As I Was Going to St. Ives." Rossetti, Christina. "Mix a Pancake." Fyleman, Rose. "Singing–Time." Milne, A. A. "Halfway Down." Chute, Marchette. "Drinking Fountain." Hughes, Langston. "Poem." Ciardi, John. "Wouldn't You?" Wright, Richard. "Laughing Boy." Greenfield, Eloise. "By Myself." Giovanni, Nikki. "Covers." Merriam, Eve. "It Fell in the City." Lopez, Alonzo. "Celebration." Agee, Jon. "Two Tree Toads."

Stage	Category	Titles
K–1	Read–Aloud Stories	Baum, L. Frank. *The Wonderful Wizard of Oz* Wilder, Laura Ingalls. *Little House in the Big Woods* Atwater, Richard and Florence. *Mr. Popper's Penguins* Jansson, Tove. *Finn Family Moomintroll* Haley, Gail E. *A Story, A Story* Bang, Molly. *The Paper Crane* Young, Ed. *Lon Po Po: A Red–Riding Hood Story from China* Garza, Carmen Lomas. *Family Pictures* Mora, Pat. *Tomas and the Library Lady* Henkes, Kevin. *Kitten's First Full Moon*
	Read–Aloud Poetry	Anonymous. "The Fox's Foray." Langstaff, John. "Over in the Meadow." Lear, Edward. "The Owl and the Pussycat." Hughes, Langston. "April Rain Song." Moss, Lloyd. *Zin! Zin! Zin!* a Violin
	Informational Texts	Bulla, Clyde Robert. *A Tree Is a Plant* Aliki. *My Five Senses* Hurd, Edith Thacher. *Starfish* Aliki. *A Weed Is a Flower: The Life of George Washington* Crews, Donald. *Truck* Hoban, Tana. *I Read Signs* Reid, Mary Ebeltoft. *Let's Find Out About Ice Cream* "Garden Helpers." *National Geographic Young Explorers* "Wind Power." *National Geographic Young Explorers*
	Read–Aloud Informational Texts	Provensen, Alice and Martin. *The Year at Maple Hill Farm* Gibbons, Gail. *Fire! Fire!* Dorros, Arthur. *Follow the Water from Brook to Ocean* Rauzon, Mark, and Cynthia Overbeck Bix. *Water, Water, Everywhere* Llyn, Claire. *Earthworms* Jenkins, Steve, and Robin Page. *What Do You Do With a Tail like this?* Pfeffer, Wendy. *From Seed to Pumpkin* Thomson, Sarah L. *Amazing Whales!* Hodgkins, Fran, and Truo Kelley. *How People Learned to Fly*

Stage	Category	Titles
Grades 2–3	Stories	Gannett, Ruth Stiles. *My Father's Dragon* Averill, Esther. *The Fire Cat* Steig, William. *Amos & Boris* Shulevitz, Uri. *The Treasure* Cameron, Ann. *The Stories Julian Tells* MacLachlan, *Patricia, Sarah, Plain and Tall* Rylant, Cynthin. *Henry and Mudge: The First Book of Their Adventures* Stevens, Janet. *Tops and Bottoms* LaMarche, Jim. *The Raft* Rylant, Cynthia. *Poppleton in Winter* Rylant, Cynthia. *The Lighthouse Family: The Storm* Osborne, Mary Pope. *The One-Eyed Giant (Book One of Tales from the Odyssey)* Silverman, Erica. *Cowgirl Kate and Cocoa*
	Poetry	Dickinson, Emily. "Autumn." Rossetti, Christina. "Who Has Seen the Wind?" Millay, Edna St. Vincent. "Afternoon on a Hill." Frost, Robert. "Stopping by Woods on a Snowy Evening." Field, Rachel. "Something Told the Wild Geese." Hughes, Langston. "Grandpa's Stories." Jarrell, Randall. "A Bat Is Born." Giovanni, Nikki. "Knoxville, Tennessee." Merriam, Eve. "Weather." Soto, Gary. "Eating While Reading."
	Read-Aloud Stories	Kipling, Rudyard. "How the Camel Got His Hump." Thurber, James. *The Thirteen Clocks* White, E. B. *Charlotte's Web* Selden, George. *The Cricket in Times Square* Babbitt, Natalie. *The Search for Delicious* Curtis, Christopher Paul. *Bud, Not Buddy* Say, Allen. *The Sign Painter*

Stage	Category	Titles
Grades 2–3	Read–Aloud Poetry	Lear, Edward. *The Jumblies* Browning, Robert. *The Pied Piper of Hamelin* Johnson, Georgia Douglas. *Your World* Eliot, T. S. *The Song of the Jellicles* Fleischman, Paul. *Fireflies*
	Informational Texts	Aliki. *A Medieval Feast* Gibbons, Gail. *From Seed to Plant* Milton, Joyce. *Bats: Creatures of the Night* Beeler, Selby. *Throw Your Tooth on the Roof: Tooth Traditions Around the World* Leonard, Heather. *Art Around the World* Ruffin, Frances E. *Martin Luther King and the March on Washington* St. George, Judith. *So You Want to Be President?* Einspruch, Andrew. *Crittercam* Kudlinski, Kathleen V. *Boy, Were We Wrong About Dinosaurs* Davies, Nicola. *Bat Loves the Night* Floca, Brian. *Moonshot: The Flight of Apollo* 11 Thomson, Sarah L. *Where Do Polar Bears Live?*
	Read–Aloud Informational Texts	Freedman, Russell. *Lincoln: A Photobiography* Coles, Robert. *The Story of Ruby Bridges* Wick, Walter. *A Drop of Water: A Book of Science and Wonder* Smith, David J. *If the World Were a Village: A Book about the World's People* Aliki. *Ah, Music!* Mark, Jan. *The Museum Book: A Guide to Strange and Wonderful Collections* D'Aluisio, Faith. *What the World Eats* Amosky, Jim. *Wild Tracks! A Guide to Nature's Footprints* Deedy, Carmen Agra. 14 *Cows for America*
Grades 4–5	Stories	Carroll, Lewis. *Alice's Adventures in Wonderland* Burnett, Frances Hodgson. *The Secret Garden* Farley, Walter. *The Black Stallion* Saint–Exupery, Antoine de. *The Little Prince*

续 表

Stage	Category	Titles
Grades 4–5	Stories	Babbitt, Natalie. *Tuck Everlasting* Singer, Isaac Bashevis. *Zlateh the Goat* Hamilton, Virginia. *M. C. Higgins, the Great* Erdrich, Louise. *The Birchbark House* Curtis, Christopher Paul. *Bud, Not Buddy* Lin, Grace. *Where the Mountain Meets the Moon*
	Poetry	Blake, William. "The Echoing Green" Lazarus, Emma. "The New Colossus." Thayer, Ernest Lawrence. "Casey at the Bat." Dickinson, Emily. "A Bird Came Down the Walk" Sandburg, Carl. "Fog" Frost, Robert. "Dust of Snow." Dahl, Roald. "Little Red Riding Hood and the Wolf." Nichols, Grace. "They Were My People." Mora, Pat. "Words Free as Confetti."
	Informational Texts	Berger, Melvin. *Discovering Mars: The Amazing Story of the Red Planet* Carliste, Madelyn Wood. *Let's Investigate Marvelously Meaningful Maps* Lauber, Patricia. *Hurricanes: Earth's Mightiest Storms* Otfinoski, Steve. *The Kid's Guide to Money: Earning It. Saving It. Spending It, Growing It, Sharing It* Wulllson, Don. *Toysl: Amazing Stories Behind Some Great Inventions* Schleichert, Elizabeth. "Good Pet, Bad Pet." Kavasch, E. Barrie. "Ancient Mound Builders." Koscielniak, Bruce. *About Time: A First Look at Time and Clocks* Banting, Erinn. *England the Land* Hakim, Joy. *A History of US* Ruurs, Margriet. *My Librarian Is a Camel: How Books Are Brought to Children Around the World* Simon, Seymour. *Horser*

Stage	Category	Titles
Grades 4–5	Informational Texts	Montgomery, Sy. *Quest for the Tree Kangaroo: An Expedition to the Cloud* *Forest of New Guinea* Simon, Seymour. *Volcanoes* Nelson, Kadir. *We Are the Ship: The Story of Negro League Baseball* Cutler, Nellie Gonzalez, "Kenya's Long Dry Season." Hall, Leslie, "Seeing Eye to Eye." Ronan, Colin A. "Telescopes." Buckmaster. Henrietta, "Underground Railroad."
Grades 6–8	Stories	Alcott, Louisa May, *Little women* Twain, Mark. *The Adventures of Tom Sawyer* L'Engle, Madeleine. *A Wrinkle in Time* Cooper, Susan. *The Dark Is Rising* Yep, Laurence. *Dragonwings* Taylor, Mildred D. *Roll of Thunder, Hear My Cry* Hamilton, Virginia. "The People Could Fly." Paterson, Katherine. *The Tale of the Mandarin Ducks* Cisneros, Sandra. "Eleven." Sutcliff, Rosemary, *Black Ships Before Troy: The Story of the Iliad*
	Drama	Fletcher, Louise. *Sorry, Wrong Number* Goodrich, Frances and Hackett, Albert. *The Diary of Anne Frank; A Play*
	Poetry	Longfellow, Henry Wadsworth. "Paul Revere's Ride." Whitman, Walt. "O Captain! My Captain!" Carroll, Lewis. "Jabberwocky." Navajo tradition. "Twelfth Song of Thunder." Diekinson, Emily. "The Railway Train." Yeats, William Butler. "The Song of Wandering Aengus." Frost, Robert. "The Road Not Taken." Sandburg, Carl. "Chicago." Hughes, Langston. "I, Too, Sing America." Neruda, Pablo. "The Book of Questions." Soto, Gary. "Oranges." Giovanni, Nikki. "A Poem for My Librarian, Mrs. Long."

Stage	Category	Titles
Grades 6–8	Informational Texts	Adams, John. "Letter on Thomas Jefferson." Douglass, Frederick. *Narrative of the Life of Frederick Douglass an American* *Slave, Written by Himself* Churchill, Winston. "Blood, Toil, Tears and Sweat: Address to Parliament on May13th, 1940." Petry, Ann. *Harriet Tubman: Conductor on the Underground Railroad* Steinbeck, John. *Travels with Charley: In Search of America* United States. Preamble and First Amendment to the United States Constitution（1787, 1791） Lord, Walter. *A Night to Remember* Isaacson, Phillip. *A Short Walk Through the Pyramids and Through the World of Artist* Murphy, Jim. *The Great Fire* Greenberg, Jan and Jordan, Sandra. *Vincent Van Gogh: Portrait of an Artist* Partridge, Elizabeth. *This Land Was Made for You and Mr: The Life and Songs of Woody Guthrie* Monk, Linda R. *Words We Live By: Your Annotated Guide to the Constitution* Freedman, Russell. *Freedom Walkers: The Story of the Montgomery Bus Boycott* Macaulay, David. *Cathedral: The Story of Its Construction* Mackay, Donald. *The Building of Manhattan* Enzensberger, Hans Magnus. *The Number Devil: A Mathematical Adventure* Peterson, Ivars and Henderson, Nancy. *Math Trek: Adventures in the Math Zone* Katz, John. *Geeks: How Two Lost Boys Rode the Internet out of Idaho* Petroski, Henry. "The Evolution of the Grocery Bag." *Encyclopedia of Science* *Astronomy & Space: From the Big Bang to the Big Crunch* *Elementary Particles* California Invasive Plant Council. *Invasive Plant Inventory*

Stage	Category	Titles
Grades 9–10	Stories	Homer. *The Odyssey*
		Ovid. *Metamorphoses*
		Gogol, Nikolai. *The Nose.*
		De Voltaire, F. A. M. *Candide, Or The Optimist*
		Turgenev, Ivan. *Fathers and Sons*
		Henry, O. *The Gift of the Magi*
		Kafka, Franz. *The Metamorphosis*
		Steinbeck, John. *The Grapes of Wrath*
		Bradbury, Ray. *Fahrenheit* 451
		Olsen, Tillie. *I Stand Here Ironing*
		Achebe, Chinua. *Things Fall Apart*
		Lee, Harper. *To Kill A Mockingbird*
		Shaara, Michael. *The Killer Angels*
		Tan, Amy. *The Joy Luck Club*
		Alvarez, Julia. *In the Time of the Butterflies*
		Zusak, Marcus. *The Book Thief*
	Drama	Sophocles. *Oedipus Rex*
		Shakespeare, William. *The Tragedy of Macbeth*
		Ibsen, Henrik. *A Doll's House*
		Williams, Tennessee. *The Glass Menagerie*
		Ionesco, Eugene. *Rhinoceros*
		Fugard, Athol. Master Harold..and the boys
	Poetry	Shakespeare, William. "Sonnet 73."
		Donne, John. "Song"
		Shelley, Percy Bysshe. "Ozymandias."
		Poe, Edgar Allan. "The Raven."
		Dickinson, Emily. "We Grow Accustomed to the Dark."
		Houseman, A. E. "Loveliest of Trees."
		Johnson, James Weldon. "Lift Every Voice and Sing."
		Cullen, Countee. "Yet Do I Marvel."
		Auden, Wystan Hugh. "Musee des Beaux Arts."
		Walker, Alice. "Women."
		Baca, Jimmy Santiago. "I Am Offering This Poem to You."

续 表

Stage	Category	Titles
Grades 9–10	Informational Texts	Henry, Patrick. "Speech to the Second Virginia Convention." Washington, George. "Farewell Address." Lincoln, Abraham. "Gettysburg Address." Lincoln, Abraham. "Second Inaugural Address." Roosevelt, Franklin Delano. "State of the Union Address." Hand, Learned. "I Am an American Day Address."
	Informational Texts	Smith, Margaret Chase. "Remarks to the Senate in Support of a Declaration of Conscience." King, Jr. , Martin Luther. "Letter from Birmingham Jail." King, Jr. , Martin Luther. "I Have a Dream: Address Delivered at the March on. Washington, D. C. , for Civil Rights on August 28, 1963." Angelou, Maya. *I Know Why the Caged Bird Sings* Wiesel, Elie. "Hope, Despair and Memory." Reagan, Ronald. "Address to Students at Moscow State University." Quindlen, Anna. "A Quilt of a Country." Brown, Dee. *Bury My Heart at Wounded Knee: An Indian History of the American West* Connell, Evan S. *Son of the Morning Star: Custer and the Little Bighorn* Gombrich, E. H. *The Story of Art, 16th Edition* Kurlansky, Mark. *Cod: A Biography of the Fish That Changed the World* Haskins, Jim. *Black, Blue and Gray: African Americans in the Civil War* Dash, Joan. *The Longitude Prize* Thompson, Wendy. *The Illustrated Book of Great Composers* Mann, Charles C. *Before Columbus: The Americas of* 1491 *Enclid Elements* Cannon, Annie J. "Classifying the Stars." Walker, Jearl "Amusement Park Physick." Preston, Richard. *The Hot Zone: A Terrifying True Story* Devlin, Keith *Life by the Numbers*

Stage	Category	Titles
Grades 9–10	Informational Texts	Hoose, Phillip. *The Race to Save Lord God Bird* Hakim, Joy. *The Story of Science: Newton at the Center* Nicastro, Nicholas. *Circumference: Eratosthenes and the Ancient Quest to Measure the Globe* U. S. Environmental Protection Agency/U. S. Department of Energy. *Recommended Levels of Insulation*
Grade 11– CCR (College and Career Readiness)	Stories	Chaucer, Geoffrey. *The Canterbury Tales* de Cervantes, Miguel. *Don Quixote* Austen, Jane. *Pride and Prejudice* Poe, Edgar Allan. *The Cask of Amontillado.* Bronte, Charlotte. *Jane Eyre* Hawthorne, Nathaniel. *The Scarlet Letter* Dostoevsky, Fyodor. *Crime and Punishment* Jewett, Sarah Orne. *A White Heron* Melville, Herman. *Billy Budd, Sailor* Chekhov, Anton. *Home* Fitzgerald, F. Scott. *The Great Gatsby* Faulkner, William. *As I Lay Dying* Hemingway, Emest. *A Farewell to the Arms* Hurston, Zora Neale. *Their Eyes Were Watching God* Borges, Jorge Luis. *The Garden of Forking Paths* Bellow, Saul. *The Adventures of Augie March* Morrison, Toni. *The Bluest Eye* Garcia, Cristina. *Dreaming in Cuban* Lahiri, Jhumpa. *The Namesake*
	Drama	Shakespeare, William. *The Tragedy of Hamlet* Moliere, Jean–Baptiste Poquelin. *Tartuffe* Wilde, Oscar. *The Importance of Being Earnest* Wilder, Thornton. *Our Town: A Play in Three Acts* Miller, Arthur. *Death of a Salesman* Hansberry, Lorraine. *A Raisin in the Sun* Soyinka, Wole. *Death and the King's Horseman: A Play*
	Poetry	Li Po. "A Poem of Changgan." Donne, John. "A Valediction Forbidding Mourning."

续 表

Stage	Category	Titles
Grade 11–CCR (College and Career Readiness)	Poetry	Wheatley, Phyllis. "On Being Brought From Africa to America." Keats, John. "Ode on a Grecian Um." Whitman, Walt. "Song of Myself." Dickinson, Emily. "Because I Could Not Stop for Death." Tagore, Rabindranath. "Song VII." Eliot, T. S. "The Love Song of J. Alfred Prufrock." Pound, Ezra. "The River Merchant's Wife: A Letter." Frost, Robert. "Mending Wall." Neruda, Pablo. "Ode to My Suit." Bishop, Elizabeth. "Sestina." Ortiz Cofer, Judith. "The Latin Deli: An Ars Poetica." Dove, Rita. "Demeter's Prayer to Hades." Collins, Billy. "Man Listening to Dise." Paine, Thomas. *Common Sense* Jefferson, Thomas. The Declaration of Independence United States. The Bill of Rights（Amendments One through Ten of the United States Constitution） Thoreau, Henry David. *Walden* Emerson, Ralph Waldo. "Society and Solitude." Porter, Horace. "Lee Surrenders to Grant, April 9th, 1865." Chesterton, G. K. "The Fallacy of Success."

　　表2是美国学生从育儿园到12年级的CCSS给出的阅读书单，我们国内的学生可以根据Lexile系数（蓝思系数）去选择适合自己的书籍起点。Lexile分级体系不仅仅测量书籍的难度，而且可以用来测量读者的阅读水平。如果一个人阅读能力的Lexile数值是780L，那么他就可以去阅读780L的书籍；他也可以扩展阅读范围，去阅读680L到830L的书籍。一般来说，国外六年级大概对应900L，九年级大概对应1100L。当然，大多数的中国英语学习者可能还做不到。除此之外，还要选择学生感兴趣的话题书本，可以挑选几本符合他们英语知识能力水平，也符合学生年龄、身心发展特点，符合向善向上原则的书籍供学生们选择自己感兴趣的进行整本书

阅读，那么效果可能会更好。

二、高中英语整本书阅读教学的目标设置

整本书阅读教学必然是能促进学生们英语学科核心素养发展的一种教育教学工作。核心素养发展是学生发展的核心目标，全面发展是学生发展的总体目标，核心素养的发展是学生全面发展重要组成部分。因此整本书阅读教学的目标需要从核心素养的四个维度进行设置。

1. 语言能力

阅读一本完整的书籍，高中生认知词汇可以增加2000以上，能够掌握以及正确使用的词汇也至少可以达到几百个，而且还可以积累英语词汇的习惯搭配以及谚语。除此之外，学生可以积累对于人物外貌描写，动作描写、神态描写、心理描写、动作描写等的词汇以便用于写作，使自己的写作更加生动形象、有趣、有意义。整本书的阅读，需要学生具有一定的语言意识、英语语感和语境词意猜测能力，能够在常见的具体语境中整合性地综合应用已经学会的语言知识、口头和书面语表达意义，有效地使用英语与他人进行交流和探讨。

2. 学习能力

学习能力包括元认知策略、认知策略、交际策略和情感策略。尤其是第一次进行整本书阅读的学生，学习能力的四个方面都应该得到提高。教师应该做好指导，以学生自己为主体去开展阅读活动和探索活动。并且将自己所学所探索到的结果用于交流交换。总体来说，整本书阅读可以帮助学生树立正确的英语学习观，保持对英语的热爱以及兴趣，拥有明确的目标意识，能够多方法去争取学习资料，有效规划学习时间和学习任务，正确选择适合自己的学习策略与方法，监控、评价、反思和调整自己的学习内容和过程，逐步提高使用英语学习其他知识的能力。

3. 思维品质

思维品质是思考辨析能力，包括分析、推理、判断、理性表达、用英语进行多元思维等活动。思维品质是逻辑性、判断性、创新性等方面能力和水平的体现。整本书阅读，尤其是人物、主题的分析必然能够培养学生的思维品质，增强发现问题和分析问题的能力。 总体目标是能够辨析语言和文化的具体现象，梳理和概括信息，建构新概念，分析推断信息间的逻辑关系，正确评价各种思想观点，创造性表达自己的想法态度。

4. 文化意识

文化意识是指理解各国文化内涵、比较异同、汲取精华、尊重差异等方面。既对中外文化的理解也认同优秀文化，是学生在全球化以及人类命运共同体大背景下表现出的跨文化认知、态度和行为取向。目标是获得外国文化知识，理解其文化内涵，进行中外文化异同对比，汲取优秀外国文化精髓，形成正确的价值观，坚信文化自信，形成自尊和自信的良好品格，培养跨文化沟通和传播中华文化的能力。

第 三 章

基于整本书阅读的高中英语
阅读教学实践探索

本章选取《愤怒的葡萄（译林高中英语教材必修第三册配套悦读）》（译林出版社）一书，在此基础上进行高中英语整本书阅读教学实践研究。本章分三节，介绍了三类课型，分别是导读课、交流探讨课、应用创新课。导读课通过探讨书本主题激发学生阅读书籍的兴趣。教师可开展引入主题活动、调动学生兴趣；提供阅读策略、铺垫阅读道路；布置阅读任务、引导自主阅读。此外，教师也可分章节制作视频导读课，指导学生利用课外时间更好地开展阅读。交流探讨课是涉及高水平思维活动的课型。学生在教师的引导下，通过参与各种活动，学习新的知识和道理、深入思考主题、形成自己的观点与见解。在此类课型中，教师应时刻坚持英语学习活动观，引导学生进行深度学习，从而落实英语学科核心素养。此外，教师要时刻铭记学科育人，通过阅读教学相关的活动，做到"润物细无声"。应用创新课是学生应用前两类课综合进行能力提高的课型。在学生有了自己更深层次的理解后，教师可引导学生进行人物评析、创编情境短文、对故事进行续编表演等，一系列的活动旨在主题升华的基础上让学生有自己的创新表达实践。

整本书阅读的教学设计需要讲究"整进整出"原则。学生以书本主题为出发点，经过阅读相关等活动的感知、体验，实现超越主题的语言创新表达，既实现了语言类学科的语言工具性，也实现了学科育人的人文性。本章所选课例在教学设计上各有侧重点，且基于内容、聚焦文化、学习语言、发展思维，具有一定的借鉴意义。

第一节　高中英语整本书阅读导读课

教学案例

【教学背景】

在提倡"多读书，读好书，读整本书"的背景下，整本书阅读以课程化的形态出现在英语教学中。这不仅可以推进素质教育，还可以培养学生的核心素养。但是"整本书阅读"作为课余作业或者寒暑假作业任务的形式居多；另外，由于学生很少读整本英文小说，所以阅读困难大，且老师对学生阅读习惯的培养和方法的指导都存在缺失。

【教学内容】

教学内容为译林高中英语配套教材必修第三册，这是一堂小说阅读方法导读课，本堂课的主题是"How to read a novel？"希望通过这堂课，同学们掌握阅读步骤，养成良好的阅读习惯，提升阅读鉴赏能力，找到阅读乐趣，形成阅读成就感，最后爱上阅读。

【学情分析】

高二年级的学生已经有很强的主见，也渴望学到一些课本以外的东西。根据学生实际情况，学生更注重分数的多少，而不够重视阅读带给他们的好处。另外，刚开始读英文版的名著，有一定难度，无从下手，从而没有阅读动机兴趣，所以导读课须以各种有趣的方式让学生充满好奇，得到阅读成就感，为形成终身阅读的习惯打下基础。

【教学目标】

Knowledge：

1. The Ss are able to know how to read a novel.

2. The Ss can get a better understanding of the plot.

Abilities：

1. To develop the Ss'abilities of listening, speaking, reading.

2. To improve Ss'reading abilities, especially reading the story line and the emotional line.

3. To train the Ss'abilities of studying by themselves and through cooperating.

Emotions：

1. Ss can fall in love with reading.

2. Ss can form a positive attitude towards life.

【教学重难点】

1. Students will be able to have a full understanding of the "guide".

2. Students will be able to retell the story.

3. Students will be able to find the story line and emotional line when reading.

【教学方法】

Communicative approach.

Task-based teaching.

Cooperative learning method.

【教学设计】

Step 1 Warming–up.

Truth or Lie game：ask Ss some questions.

设计意图：用轻松愉悦的导入方式放松学生，激起学生兴趣，导入话题。

Step 2 Introduce the teaching contents.

The teacher introduces "How to read a novel？"

Read the cover.

Read the guide.

Read the plot.

Read the two lines.

设计意图：开门见山指导学生本节课将学内容，让学生对课堂内容有直观感受。

Step 3 Teaching contents.

Part 1：Read the cover.

Show the cover of the book and read some information.

Encourage Ss to predict whether it is a happy or tough journey.

设计意图：提升学生兴趣。引导学生形成"预测"这一读前意识。

Part 2：Read the guide.

Give Ss two minutes to read the guide and two minutes to conclude the main idea of each paragraph.

Share the main idea and tell the importance of reading the guide.

设计意图：该活动的设计具有承上启下的作用。对于整本书阅读，阅读指南是很重要的。通过该活动不仅授予了学生进行整本书阅读前的技能，也可以继续调动学生认知，呼应上一个预测活动。

Part 3：Read the plot.

Show four pictures and ask Ss to put them into the correct order.

Ask Ss to describe the pictures one by one and design several activities, including filling the blank and dubbing shows.

设计意图：该活动的设计有助于学生理解整个故事情节，并通过丰富的活动进一步激发学生阅读整本书的兴趣。

Part 4：Read the two lines —story line and emotional line.

Guide Ss to know the two lines —story line and emotional line when reading.

Show the story line and ask Ss to draw the emotional line.

Invite Ss to retell the story by using the two lines.

Ask the function of the suspense.

设计意图：该活动的设计可提升学生的思考、总结和表达等能力。指导学生在进行整本书阅读时，既要了解故事线，也要把握情感线，这个技能可应用于很多阅读中。

Step 4 Reflection and conclusion.

The teacher tells Ss that life is full of ups and downs through associating with the novel.

Conclude what we learned and share what we should pay attention to when reading a novel in the future.

设计意图：该活动的设计旨在引导学生形成积极的价值观念。此外，通过总结，学生可以更好地知道如何进行真本书阅读。

Step 5 Homework.

Writing.

According to the plot we learned today, encourage Ss to finish a continuation writing.

设计意图：读后进行写作创作旨在建构读者和文本的联系，不仅可以增强学生的读，也可以提高学生的写作能力。在此活动中，学生需要充分发挥想象力，进一步增强对整本书的探索欲。

【教学反思】

在《普通高中英语课程标准（2017年版）》中，高中英语课程的学习，学生应能达到本学段英语课程标准所设定的四项学科核心素养的发展目标——语言能力、文化意识、思维品质和学习能力。在文化意识目标中，要求学生获得文化知识，理解文化内涵，比较文化异同，汲取文化精华，形成正确的价值观，具备一定的跨文化沟通和传播中华文化的能力。

在提倡"多读书，读好书，读整本书"的背景下，英文版名著整本书阅读刚好可以帮助实现文化意识目标。本学期我们工作室进行了*The Grapes of Wrath*整本书阅读，并进行了整本书阅读教学比武。

*The Grapes of Wrath*以经济危机时期中部各州农民破产、逃荒和斗争为背景，记叙约德一家人从Oklahoma到California的艰难经历。故事感人、内容真实、充满指责，处处彰显人性的光辉，适合高二年级学生阅读。以下是我的阅读体会和教学反思：

1. 整本书阅读体会

英文版整本书阅读融入高中教学中，对我来说还是第一次，很新奇，也很具有挑战性。一拿到这本书，我便制订了阅读计划，最多20天完成第一遍阅读，给学生树立榜样。边阅读，边思考，边查阅生词，边批注，留下自己的阅读痕迹，偶尔跟学生交流、分享阅读感受（由于我的学生没有书籍，单纯依靠我偶尔整理一些短篇材料分享进行阅读），在我获得阅读新体验时，也在慢慢激发、鼓舞着学生阅读的兴趣。甚至有同学看完了原著改编的电影、查阅了相关资料或单独购买了这本书。所以，整本书阅读下来，我和学生们都收获了阅读的乐趣。

2. 整本书阅读教学反思

（1）整本书阅读在英语教育中缺乏地位。

在老师的办公桌上，一般会有相关教学课本、教材辅导书、试题、牛津字典和少有的英文版原著；在学生课桌上，基本就是课本、试题、语法书和各类高频词汇字典了。我们总会把学生阅读量匮乏的原因归结为家长意识不足、学生无书可看、作业负担重、时间不够等，但其实最重要的原因是教师对英文阅读基本不重视，对学生英文名著阅读引导不够、交流不多，从而让学生提不起兴趣，中文阅读量都很少，更何况是英文。

（2）教师在学生英语阅读中起重要作用。

如果不是参加了名师工作室，我可能都不知道高中英语科目也有整本书阅读。根据平时的英语学习经验、教学经验总结出，"阅读"对于学生非常重要，不仅可以有语境的记忆词汇、理解句式、提高阅读速度，还可以比较文化差异，汲取文化精华，从而进行反思，形成正确的价值观。那该如何激发学生阅读兴趣呢？

在此次整本书教学比武前，我花了大量时间研读这本书，并查阅各种资料，包括时代背景、相关论文、写作手法等，每当有阅读新发现时，会跟同学们交流分享。作为一名老师，我们都希望学生去阅读经典，但如果我们不给予有趣的指导，学生只会感觉到英文版整本书阅读严肃又害怕。

以我们班的杨某同学为例，由于课堂上我随意说了一句，他的声音很像这本书电影版中祖父的声音，他就课下去挤时间把电影看完了，且在课堂上模仿了一段祖父的声音，表现非常出色。所以，也是他给了我上课的灵感，把他的配音融入我的整本书教学比武中，让更多学生模仿角色表现，从而得知角色情感，更好理解小说内容，并挖掘学生的更多可能，激发学生主动阅读兴趣。当我们在抱怨学生不爱阅读时，想想自己读书了没有，想想自己有没有引导学生去读书，想想自己有没有帮助学生排除阅读障碍。

（3）整本书阅读停留在意思理解上。

对于我来说，平时读取的英文一般是碎片的，很少有整本书阅读，所以在此次整本书阅读中，第一遍花了很多时间查生词，阅读速度慢，且停留在小说表层意思。比如，如果不是查阅相关材料，我都不知道《愤怒的葡萄》书名中"葡萄"是什么东西，即使读完第一遍也还是不能理解。这个问题的产生是由于我们只一味地"炒现饭"而导致的，平时很少思考这类问题，更多关注答案是否正确，缺少批判性思维。

总之，在此次整本书阅读和参加整本书阅读教学比武中，深刻意识到阅读对于学生和老师的重要性。学为人师，行为世范。作为一名老师，我们一定要坚持阅读，获得文化知识，理解文化内涵，汲取文化精华。另外，我们也要给予学生阅读指导、分享阅读体会、表扬自主阅读学生，陪学生一起读，直到我们一起"上瘾"。

部分教师视频导读课创作说明案例

案例一：*The Grapes of Wrath* 微视频制作设计思路

新晃一中　江　英

【教学章节】

第一课，总述。

【主要教学环节】

Part 1：Leading in.

Part 2：Self-reading.

Part 3：Discussion.

Part 4：Presentation.

Part 5：Consolidation.

【内容选择】

Plot summary.

【内容分析】

从宏观角度对这本书的情节进行整体介绍，是一个整本书的导读视频。着重分析Plot，对Plot作一个总结。

The format Steinbeck uses is to tell stories that are intertwined. The "larger" story is about the mass migration of refugees from the southwestern "Dust Bowl" toward the promise of a better life. The "smaller" more personal story is about the Joads, one family that makes the journey. The story of the Joads is a traditional fictional narrative.

【创作角度】

Introduction—Rising Action—Climax—Falling Action—Resolution.

【制作设想】

从Characters、Plot Summary、Symbols、Themes、 Chapters1—30五大部分着手，计划一共34个视频，详见图1。

The Grapes of Wrath Plot Diagram

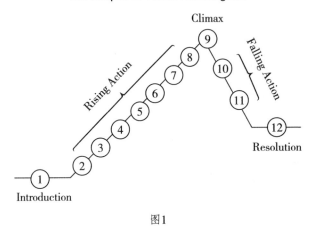

图1

案例二：《愤怒的葡萄》导读课作品简介及作品创作说明

湖天中学 向 芬

本节微课的主要目的是通过主题探讨激发学生对小说《愤怒的葡萄》的阅读兴趣，帮助学生建立阅读信心，促进学生对文本的整体感知，继而认真高效地阅读该小说的第十章。本微课主要从以下四个方面展开：①内容导读，链接社会文化背景，激发阅读期待；②方法导读，明确阅读方法和策略，有效提速，授之以渔；③语言导读，关注语言现象，扫除阅读障碍，体验巧妙的使用修辞手法的妙处和隽美；④主题导读，推动思考，生成价值观念。

首先播放一个短视频展示该部获普利策奖和诺贝尔文学奖的小说的畅销和知名度，激发学生对该小说的阅读兴趣，并提出一个疑问——这部小说为何曾被列为禁书之一？——进一步调动学生的好奇心。然后链接小说的写作背景并回顾故事的情节梗概，继而激发学生继续阅读第十章。从阅读方法、语言现象到主题归纳，层层递进，帮助学生更高效地阅读本章节。并推动学生对本小说的结尾进行预测，让学生体验阅读的乐趣及英语语言语言文学的魅力。

本微课导读视频课件多处备注了中文，降低学生观看时理解的难度；重要信息处添加字幕以加深印象。必要时添加了一些背景音乐，变换学生观看学习的节奏，提升学习效率。

案例三：《愤怒的葡萄》整本书导读视频创作思路

湖天中学　赵银艳

我所制作的视频是针对整本书的导读视频。灵感源于对这本书第二次阅读之后的思索。斯坦贝克运用连续蒙太奇写作手法，看似情节单一，描述了一家人从家乡前往加利福尼亚州的过程，但其实所揭示的主题内容非常丰富。因此，我在对这本书的作者以及故事简单讲述之后，通过几个设问不断激发读者的兴趣去阅读这本在美国掀起大波的小说。

问题包括：他们一路遇到了什么？在旅途中，他们继续受到不公平的待遇、警察的驱赶、农场主的剥削，那么他们会继续忍受吗？还是会奋起反抗呢？

他们是如何反抗的呢？他们的美国梦能实现吗？为什么呢？主角汤姆、凯西、妈妈又是如何成长变化的呢？给读者设置了这么多悬念之后，再播放一段非常经典的妈妈和汤姆的对话，进一步激发读者的兴趣，去读这本小说，同时去探究问题的答案。

案例四：*The Grapes of Wrath* 视频导读思路

芷江一中　黄艳平

本人从作者介绍、作品背景、作品梗概、作品影响以及其他作者评价五个方面介绍了《愤怒的葡萄》这本书，旨在让学生产生阅读的兴趣，从而去阅读这本书，并能更好地理解这本书。

1. 作者介绍

《愤怒的葡萄》是美国著名小说家约翰·斯坦贝克的作品。约翰·斯坦贝克出生于加利福尼亚州一个面粉厂主家庭。其一生创作作品繁多，《愤怒的葡萄》是其代表作之一，获美国文学普利策奖。与时下作者将目光投向海外不同，约翰·斯坦贝克致力于描绘家乡的现状，为广大农民代言。后被授予诺贝尔文学奖及美国总统自由勋章。

2. 作品背景

《愤怒的葡萄》以经济危机时期中部各州的农民破产、逃荒和斗争为背景。俄克拉荷马和邻近的得克萨斯、堪萨斯、阿肯色各州的农民负债累累，土地被大公司没收，无家可归，只得向西迁移，想在加利福尼亚州寻找出路。

3. 作品梗概

小说以乔德一家为代表，他们将家中的一切变卖，换来一辆破旧的汽车，一家坐车向西逃荒。到了加州，一切并不像他们想象的那样美好，等待他们的仍然是失业、饥饿和困苦。那里的农场主利用剩余劳动力压低佣农工资，各地势力敲诈勒索和迫害流浪的农民，于是农民愤怒了，他们团结起来，奋起反抗。

4. 作品影响

《愤怒的葡萄》是一部描绘现代农民命运的史诗之作，刻画了20世纪30年代美国经济大萧条时期，农民饱含血泪、愤懑和斗争的艰苦生活，也是一部在苦难中依然保留人性和希望的传奇之书，赞颂了善良、信仰和坚持的力量。其出版后，引起美国各州统治集团的恐慌，许多州禁止小说发行，俄克拉荷马阻止电影公司去拍电影。有人还写了一本《快乐的葡萄》来抵消它的影响，但其积极影响并不因抵制、禁读、污蔑而消失。

5. 其他作者评价

没有《愤怒的葡萄》，就没有《追风筝的人》。——卡勒德·胡塞尼

我永远都写不出像《愤怒的葡萄》般优美的作品。——斯蒂芬·金（《肖申克救赎》的作者）

他是我的文学英雄，他的描写功力对我影响重大。——丹·布朗（《达·芬奇密码》的作者）

案例五：*The Grapes of Wrath* 视频导读思路

靖州一中　吴永旺

微视频的目的：为"怎样读小说？""怎么引导学生读小说？"提供自己的看法。在视频中，我提出小说的"四读法"：读文化、读背景、读标题，读要素。（本来还想加一个读后反思，但是5分钟实在不够。）

1. 读文化

参考大量材料，以"摩西出埃及"这个广为人知的故事来作为"抓手"，吸引学生的注意引起他们的兴趣

2. 读背景

在自由资本主义的历史背景下，农民苦难的原因有三个：①天灾；②人祸（资本家、银行）；③政府的不作为。

3. 读标题

标题是整个小说的整体内容最直接的体现。为什么是"愤怒的葡萄"？*The Grapes of Wrath* 中的 grapes，除了 California 是盛产葡萄之地外，有三个方面的意思：①丰饶、希望；②愤怒；③人民大众。

4. 读要素

时间—地点—人物—情节—主题。

个人觉得最难的，在于小说的主题和写作目的。结合历史背景：1939年处于罗斯福新政时期，政府开始管理经济发展，控制物价，大搞基建为人民提供就业机会，缓和了阶级矛盾；以及小说的结尾，作者 John Steinbeck 写书的目的不仅是揭示那段时期社会的阴暗面，还应该有正能量的体现。

另外，"以史为镜，可知兴替"。反思现实很重要。如果运用到实际的整本教学中，这是不可或缺的。

案例六：《愤怒的葡萄》第三章导读视频说明

湖天中学　彭九元

本作品选取了《愤怒的葡萄》第三章。该章节描绘了汤姆和凯西回到阔别已久的俄亥俄州的场景。导读微视频主要分享了两个小片段：①踏进家中的环境描写；出现在家中的瘦小灰猫和乌龟。前者为故事发展渲染了荒废的环境氛围；后者的象征意义，为预示汤姆一家人的西行之路做铺垫。②穆利出现时的外貌描写。衣着褴褛的汤姆是家园巨变的见证者。通过他讲述，读者能更真切把握故事情节的发展，即这里发生了什么？当地人为何纷纷离开这里？乔德一家人去了哪里？

此外，引导读者就文中的语言表达进行探究分享，如人物的性格描写、动作描写、情感描写等，提升学生读写综合能力。

案例七：*The Grapes of Wrath Chapter* 5 导读微视频创作说明

湖天中学　覃爱民

《愤怒的葡萄》第五章导读微视频共包括四个板块，分别是内容导读、主题导读、方法导读和语言导读。

1. 内容导读

该部分包括两部分，分别是《愤怒的葡萄》这本书的创作背景和第五章的章节内容。在章节内容版块鼓励学生以回答问题的方式将小说内容与自己的实际生活相联系。

2. 主题导读

该部分介绍了本章节中乔德一家所发挥的家庭单元作用、父权制家庭的体现、爷爷与小说标题中提到的"葡萄"联系三个方面，然后概括出本章主题词Movement、Gender roles、Connection to the land、Home and where/what it is、Power of the family、Power of Ma。

3. 方法导读

该部分引导学生通过关注时间状语绘制故事的时间线，从而更好地理解故事情节线。此外，本部分指导学生可通过Steal人物分析法对该章节人物进行分析。

4. 语言导读

语言导读包含两部分，第一部分是本章节书上给予的释义词汇和短语，以及用以深刻刻画人物行为动作的行为动词；第二部分是用书中的例文介绍了Parallelism（平行结构）修辞手法，见图2、图3。

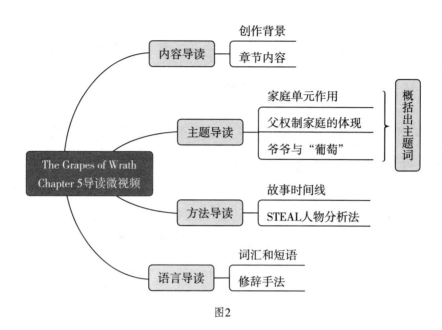

图2

STEAL A CHARACTER

SPEECH/SAYS	**THOUGHTS**	**EFFCTS**	**ACTIONS/ACTS**	**LOOKS**
What does the character SAY? How do they say it? What does that tell you about that character?	How does this character THINK? What thoughts go through their heads?	What EFFECT does this character have on others? How do they react?	How does this character ACT? What does this tell you about them?	How does this character LOOK? Do they have special physical features?

图3

案例八：《愤怒的葡萄》第六章导读视频说明

湖天中学　戴满玲

我选的是《愤怒的葡萄》第六章的导读视频，第六章是整本小说的高潮部分之一。我主要从以下三部分进行导读。

第一部分从Joad一家的两条路线开始，第一条路线是在加油站所发生的事，第二条路线是在66号高速公路上遇到Wilson一家所发生的事。这两条路线我都从Who、What、How三个方面入手。在加油站这个点，我选取了the fat man、Tom Joad、Jim Casy、Connie and Rose of Sharon这几个人物，通过他们所说的话猜测他们那时的心情。在66号高速公路上遇到Wilson一家这个点，我选取了Tom Joad、Ivy Wilson、Sairy Wilson和Grandpa这四个人物，通过他们所发生的事猜测他们当时的心情。我想让读者明白我们读小说的时候要注意两条线：剧情线和情感线。这能帮助学生读者在做读后续写中的读中审清题目。

我给了读者两点思考。思考一："What was the symbol of Sharon's pregnancy？"思考二："Why did Casy say 'He didn't die tonight. He actually died the minute he left his home'？"这两点思考不仅能引起读者的兴趣，而且能让读者深入思考，有的放矢。

我挖掘出本章的一些动作链，以告诉学生，我们除了读本章的内容外，还可以学习作者的语言方式，学以致用，让我们的读后续写更上一层楼。

以上为我的视频导读说明，我希望通过我的这个视频导读，学生能带着剧情线、感情线来理清本章内容，学会对某些特殊的话语进行深入思考，能学习本章的动作链，运用到读后续写中。

案例九：《愤怒的葡萄》第八章导读视频说明

湖天中学　赵　影

本视频导读内容选自《愤怒的葡萄》一书的第八章。

本章节主要讲述的乔德一家即将到西行的目的地——加利福尼亚。在西行过程中经历的最后三个站点，一路上的所见所闻，这些都没有改变他们西行的计划和热情，这里为后期的经历埋下了伏笔。引导学生理解在到达加利福尼亚之前乔德和同伴的心情和向往，便于和经历中的失望到绝望到反抗进行对比。其中还可以通过分析妈妈的行为和语言初步勾勒出妈妈的形象和性格，并且再回顾他们被迫出发的大环境，为后文他们能组织反抗埋下伏笔。

阅读本章节先了解作者的写作方式：连续蒙太奇，即情节沿着一条单一的情节线索，按照事件的逻辑顺序，有节奏地连续叙述。所以导读中用行进的过程为线索梳理本章节的内容比较合适。

案例十：《愤怒的葡萄》*Chapter* 11导读课作品创作说明

湖天中学　夏园洁

1. 选课宗旨

对于高中学生来说，高考是最重要的，阅读量与词汇量在高考中尤为重要。基于英语学科核心素养中对学生的四个维度的教学要求，本次整本阅读的视频导读目的在于通过阅读经典作品，且把文学作品与高考题型进行结合，让学生能够在经典作品中不仅体会到经典作品的美，还能够体会到高考值美。微课选择的是《愤怒的葡萄》第十一章，已经接近该故事的尾声。本章节进一步讲述了约德一家人前往加利福尼亚的路上所遭受的困难，尽管有些家庭成员因对未知的恐惧而选择离开，但是妈妈、吉姆、爸爸都没有放弃，仍然在西进的道路上努力生活。期间，爸爸、妈妈、妹妹都有悲观失望的时候，但是吉姆一直都坚信前方有希望，正是这种信念一直支撑这一家人，哪怕做着薪水低而任务艰难的摘桃子工作也能坚持下去，直到吉姆再一次遇见了凯西，目睹凯西被杀死，此时此刻吉姆坚信只有工人阶级团结起来才能够度过这个寒冷的严冬。

2. 内容选择

选择这一章节的原因是在阅读整篇文章的时候对这一章节印象尤为深刻，不仅是因为之前曾经要做该章节的PPT的原因，更是被凯西的这种乐于牺牲的精神所震撼和折服。同时，我个人认为该章节也是吉姆性格发生变化的重大转折点，也是凯西的性格变化章节所在，而我的导读是需要学生去探索文章中主人公的性格特点，从而更加深层次地区挖掘作品的文学含义。

3. 创作说明

导读视频分成以下四个部分：内容预测——回答问题——原文赏析——课文填空——作业完成。内容预测：要求学生根据之前的章节进行该章节的内容预测。

回答问题：在本环节中，要求去文章中迅速查找答案或者去推理答案，与高考的阅读理解进行结合。原文赏析：从文章中挑选一些好的句子，进行动词，副词与句子结构赏析，进行摘抄，与高考续写进行结合。课文填空：在完成这些任务之后，要求学生完成该章节的语法填空，再一次进行内容回顾，与高考的语法填空进行结合。作业完成：要求完成该章节的概要写作。

总而言之，文学作品的阅读在高中是很有必要的，不仅能够让学生欣赏到不同国家文化之美，了解风土文化，还能够把文学作品的一些经典描述运用于高考题型之中，希望学生在《愤怒的葡萄》中体会到文学作品之美。

第二节　高中英语整本书阅读交流探讨课

教学案例一

【教学内容】

《愤怒的葡萄》（译林出版社）是译林高中英语教材必修第三册配套阅读。《愤怒的葡萄》由约翰·斯坦贝克书写，原著出版于1939年，讲述了美国中部各州农民颠沛流离的艰难境遇。他们远离家乡去加州寻找美国梦，但是到那里之后，一切并不如期美好，农场主压低他们的工资，各地势力敲诈勒索迫害农民，于是农民愤怒了，团结起来奋力反抗。小说的主要线索是俄克拉荷马州的佃农乔德一家被迫成为流民、前往加州寻求生路却不得的故事。

1929年，美国股市崩盘以后，引发了持续十多年的经济危机，出现了前所未有的大规模失业现象；雪上加霜的是，同一时期，美国南部大片区域持续遭受严重的风蚀和尘暴灾害，成千上万定居在这里的农场主面临破产，他们不得不背井离乡、另寻出路。在这样的大背景下，美国文学产生了一大批"社会抗议小说"，这类小说想要把当时的一些社会现象记录下来，让主流读者了解底层人民的困苦。短短十多年间，这类小说的数量超过了一百部，《愤怒的葡萄》就是其中的代表作品。

【学情分析】

本课的教学对象为高二实验班的学生，语法词汇知识、口语表达能力相较同年龄学生较好。学生在课前已经阅读完了本书，学生已经认识了作者，对故事内容和历史背景有基本的了解。但是学生对于阅读长篇英文小说还不够适应，能提取和分析文本表层信息，但挖掘深层含义、体会作者语言的能力还有待加强，对小说所探讨得社会价值和文化意义缺乏深入的思考。

【教学目标】

After the class, students will be able to：

1. list the motives of the characters and decide if their actions betrayed the family.

2. understand Ma's greatness and devotion to the family.

3. identify the importance of unity for a family.

4. write a letter as Ma to one of the characters who left the family.

【教学重难点】

1. Ss will be able to better understand different characters and finish the writing.

2. Ss challenge themselves to think about the deep meaning and express their ideas properly.

【教学方法】

Communicative approach.

Task-based teaching.

Total situational action.

【教学设计】

Step 1 Lead-in and revision.

Ss brainstorm some important qualities for a family.

Ss think about whether the Joad's family united during the movement to California.

Ss review the the Joads' route by viewing a map.

Ss review how many people planned to move together in Chapter 5 and finish a mind-map about all the characters.

设计意图：引导学生思考家庭成员所需要的品质，为本课时主题探究进行铺垫。再激发学生回顾故事中的人物和出行路线，为接下来的课堂活动做好铺垫和准备工作。

Step 2 Read for information.

Part 1：Who left?

Ss discuss in pairs then answer the question below：

Who left the family?

（The teacher asks "Did they leave the family for the same reason？" to lead to the following part.）

Part 2：Why did they leave and what were the effects?

Ss are divided into two groups. Members of each group will be responsible to analyze some certain characters and finish the organizer.

Group 1

表1

Who left?	Why?	Where did they go?	How did the family react?	Effects on Family and Story
Grandpa P68–75				
Noal P100				
Grandma P105–106				
Casy was arrested. P116–117				
Casy was dead. P137–139				

Group 2

表2

Who left?	Why?	Where did they go?	How did the family react?	Effects on Family and Story
Connie P117–120				
Tom P140–142				
AL P142–146				

Ss present their ideas.

设计意图：学生通过完成organizer（可视化工具图），能够清楚地分析出故事人物离家家庭单位的原因和影响。通过此活动，学生在进行阅读的同时提升了分析和整理信息的能力。

Step 3 Read for thinking.

Part 1：Betrayal or not.

Group work：Do you think the character betrayed the family? Why/why not?

表3

Who	Betrayal or not	Why
Grandpa		
Noal		
Grandma		
Casy		
Connie		
Tom		
AL		

（Students should use the context of the novel to prove their argument.）

（T could add the question "Whose departure was the biggest betrayal to the family?"）

Part 2： What was Ma's attitude towards the family?

Students reread pages 78—79 and pages 81—82 to finish the character organizer（STEAL） and find out what was Ma's attitude towards the family?

表4

Characters	What does the character say?	What does the character think?	What effect does the character have on others?	How does this character act?	How does this character look?
Ma					

Possible answers： From the moment the reader meets Ma Joad, it is clear that her mission is to keep the family together. Throughout the novel she inspires, urges, bullies, threatens, and even begs for her family to stay together until they have found some security.

Thinking: Who is the person to unite the whole family together in your family? Why?

Read a sentence from Ma together "Working together they can fend off the world, can pool their earnings, and can reestablish themselves in California."

设计意图：该活动的设计具有承上启下的作用。学生通过深入思考，发表自己对于故事中人物离开家庭的看法。此外，通过用STEAL人物分析法分析"妈妈"这一角色，不仅对故事中"妈妈"一角色的意义有更深入的理解，同时学会了新的人物分析技能。从而对小说中以家庭为单位的小集体需要团结的这一主题进行了深入探究，进而升华到整本小说中所有无产阶级将团结起来攻克难关。

Step 4 Writing task.

Suppose your were Ma. Write a letter to one of the characters who left the family.

Consider the following aspects：

1. What would Ma say in the letter?

2. Was the letter (s) from Ma believable?

3. Was the letter (s) from Ma appropriate to what her character would have said and felt?

设计意图：该活动的设计旨在提升学生创新思考能力和写作能力，同时帮助学生加深文本理解和主题意义探究。

Step 5 Homework.

Polish your writing and have peer review.

设计意图：此活动鼓励学生课后进行同伴互评，打磨写作作品，实现合作学习，调用元认知策略。

【教学反思】

基于小说内容和所反映的主题，本节课选取其中的一个主题，即当家庭面临艰难境遇时，团结对一个家庭的重要性。并且希望通过这个小主题升华出当面对艰难困境时，只要团结与齐心协力，一个集体就能抵御困难、取得胜利。基于以上的学情研判和文本解读，我把本课的目标设定为：学生通过完成可视化工具图表能够列出人物离开家庭集体的动机，并判断他们的离开是否是对家庭的背叛；学生能够借助STEAL分析法分析妈妈的人物性格从而理解妈妈对家庭的奉献以及妈妈的伟大；学生能够认识到团结对一个家庭的重要性并能够以妈妈的口吻给离开家庭的一个人物写信。

本节课的教学设计是基于英语学科核心素养，也就是发展学生的语言能力、文化意识、思维品质和学习能力。新课标要求，学生是课堂的主体，教师是课堂的引导者，教师应摆脱传统的"满堂灌"的模式，让学生自己去学习理解语篇，应用实践语篇知识，从而实现迁移创新，让课堂切实是学生合作探究和自主评价的平台。基于以上的理念，本节课的第一部分导入设定为学生自由回答一个家庭最重要的品质是什么，然后回顾了小说的人物和西行路线。第二部分学生分组阅读小说指定部分，通过小组合作完成可视化工具图，梳理出乔德一家在前往加州的路途中家庭成员相继离开的原因和影响等。第三部分学生讨论并分享自己对每个家庭成员的离开的观点。学生通过STEAL分析法对妈妈这个人物进行人物分析，从而归纳总结妈妈对家庭的奉献并领会妈妈的伟大之处，实现学生对团结的重要性的深华。第四部分要求学生基于前面的学习以妈妈的口吻给离开家庭的一个人物写信。

在完成第一个可视化工具图的环节，教师提供范例讲解后，学生可以按照工具图的栏目很好找到书上提供的细节信息，并且能够充分抒发和讨论家庭人物的离开对乔德家庭和整个故事线的影响；同时学生将语言摘录、将观点以文字的方式记录，为后期写信环节提供了思路和语言基础。授课过程完全体现了课堂中学生为主体、教师是引导者这一理念，并让学生可以在阅读文学作品时保留自己看法并尊重他人看法。在学习STEAL

人物分析法时，学生讨论分析妈妈这个人物的"say、think、effect、act、look"，在梳理文本信息的基础上，深刻理解该人物在该家庭中、在整本书故事中的人物形象意义，从而能够自然而然地跟随老师在最后一起升华出本节课想要升华的主题。

反思整节课，基本达到了预设目标，但是存在不足之处。例如，在小组讨论过程中，能力强的学生对可视化工具图的应用比较如鱼得水，但是能力较弱的同学需要仔细指导才能很好的应用，所以对学生能力的培养应该落实在常态化的日常教学中。其次学生首次接触到STEAL分析法，运用的速度不快，所以日后要加强学生对文学作品中人物分析的能力。再者，教师对课堂的时间把握不是很精确，从而学生写作的自评和互评等评价只能放在课后进行。当然，问题所在也是教师创新亮点所在，是教师日后继续要探究的方向，可视化工具和STEAL分析法为之后文学作品赏析课提供了可行的路径。

教学案例二

【教学内容】

《愤怒的葡萄》（译林出版社）是译林高中英语教材必修第三册配套阅读，改编自美国作家约翰·斯坦贝克的小说《愤怒的葡萄》。小说的突出特点是对20世纪30年代中期美国农民的生动描写。通过阅读，学生将学会欣赏、总结和在写作中运用一些有用的技巧。

【学情分析】

本课的教学对象为高二实验班的学生，语法词汇知识、口语表达能力较好。学生在课前已经阅读完了本书，学生已经认识了作者，对故事内容和历史背景有基本的了解。但是还未对文本的语言进行系统性的总结学习。

【教学目标】

By the end of the lesson, our students will be able to:

1. learn to appreciate some beautiful sentences.

2. summarize the ways to "say" vividly.

3. grasp the skills of different ways of "saying" and can apply them into writing.

4. develop a positive value and attitude and appreciate what we have.

【教学重难点】

Students will be able to apply the skills of vivid ways of "saying" in their writing.

【教学方法】

Communicative approach.

Task-based teaching.

Cooperative learning.

【教学设计】

Step 1 Lead-in.

T asks "Why do we read books?" and leads Ss to express ideas.

Ss choose which group is better.

Group A:

1. "Here, Mum! Here!" Jane said as she ran to her side.

2. "Time to go." I said to the girl, wishing she could follow me right away.

3. "I haven't finished; I need more time, " he said.

4. He said, "I miss you."

Group B：

1. "Here, Mum! Here! " Jane exclaimed（呼喊） as she ran to her side.

2. "Time to go." I whispered（低语） to the girl, wishing she could follow me right away.

3. "I haven't finished; I need more time," he begged（恳求）.

4. He added（补充） softly, "I miss you."

设计意图：激发学生的学习积极性，通过直观地对比句子引发学生思考怎样的句子才是好句子。

Step 2 Observe and summarize.

Group 1：

1. " I never was really the type of person to write letters, and neither was my old man." He added quickly.（P6 L2—3）

2. "But not any more, " He sighed.（P15 L1）

3. "Do you think you'll come, Muley?" Joad repeated.（P36 L3）

4. "Don't do it," Casy whispered.（P38 L14）

5. The preacher sighed, "Either way, I'll find a way to go. "（P47 L6）

6. " It's all work？ " the preacher replied.（P54 L1）

7. "Sure," Tom agreed.（P64 L18）

8. " Pray anyway," she ordered.（P68 L1）

9. "How'd I know?" Tom cried.（P84 L3）

Tip 1： Use different verbs.

Discuss more：

一般地说：＿＿＿＿＿＿　　正式说：＿＿＿＿＿＿

大声说：＿＿＿＿＿＿　　　小声说：＿＿＿＿＿＿

许诺说/安慰说：＿＿＿＿＿＿＿＿＿

解释说/道歉说/埋怨说/叹息说：＿＿＿＿＿＿＿

问与答：

Group 2：

1. "I never was really the type of person to write letters, and neither was my old man." He added quickly.（P6 L2—3）

2. "Homicide，" He said quickly. "That's a big word—it means I killed a guy."（P10 L3—4）

3. "Pa，" He said softly.（P 42 L15）

4. "Absolutely，" said Grandpa weakly.（P67 L8）

5. Pa asked softly， "What was it?"（P68 L15）

6. "Why don't you get a different job then?" Tom asked impatiently.（P86 L18—19）

Tip 2：Use verbs + adv.

Group 3：

1. The ragged man giggled under his breath， "You're all going to California, I bet."（P89 L20）

2. "We came through them," Pa said in wonder.（P94 L17）

3. "We just thought—" Timothy began, in a tone of apology.（P125 L13—14）

Tip 3：Use verbs + prep phrases.

Group 4：

1. Pa spoke to the group, making his report. "We got ripped-off on the things that we sold." （P50 L18—19）

2. "I see that you're all packed up." He said, looking at the truck.（P56 L2—3）

3. "Get in the car," he said, preparing his pistol if he needed to use it.（P116 L2—3）

4. After hearing about the prospect of work, Ma got excited and said, "With four men working, maybe I can get some coffee, ...?"（P132 L5—7）

Tip 4：Use verbs + doing.

Add more：Use verbs + 伴随状语（adj，doing，done）

1. said Newland, _____ 心里暗自高兴

2. she begged him, _____ 眼睛充满恐惧

3. she said, _____ 眼睛在跳跃着/闪闪

4. she murmured, _____ 又沮丧又担忧

设计意图：此教学活动通过收集整理出原著中各种形象生动的句子，引导学生观察并总结出如何用不同的方式表达英语中的"说"。在此环节中，运用希沃教学软件竞赛PK的方式以及将当下时新的话题以图片的形式生动形象得展示给学生，让学生感受到读写课不枯燥，也可以乐中学。

Step 3 Practice.

1. 无数网民激动地喊道："我们赢了，这标志着我们在四年里第三次拿到世界冠军（champion）。"

Countless netizens _____, "We win, and this marks the third time in four years that we have won the world champion ship."

2. 他用一种坚定的声音对他弟弟说道："一个蛋从外面被敲开，注定

被吃掉。你要是能从里面自己啄开，没准是只鹰。"

He _____ to his younger brother, "An egg that's been cracked from the outside is destined to be eaten. If you can crack the egg from the inside, you might be an eagle."

3. 她不断重复着，"我回来了！感谢我的祖国，还有祖国的人民，对我的支持和帮助！"

She _____, "I'm back! Thank my country and its people for their support and help."

4. 在直播节目中，他发出一声惊人的喊叫，"天呀，答应我，买它！"

In a live streaming, he _____, "Oh, my God! Promise me to buy it!"

5. 就在这时，一个小女孩尖叫起来，"那就是我最爱的偶像！"

Just then a little girl _____, "That's my favourite idol!"

6. "这是一个可以解开百年前秘密的视频。"他介绍道，眼里满是紧张。

"It's a video that could unlock the secrets of hundreds of years ago." he _____, eyes _____.

设计意图：学生通过完成内容丰富有趣的练习，进一步夯实语言技巧。

Step 4 Application.

Try to use what we have learnt to describe a scene vividly.

（Try to write about 3—5 sentences to describe a scene by using the skills we've learnt.）

The teacher evaluates Ss' work and encourage Ss to have a peer evaluation.

设计意图：该活动设计了几个不同的场景，学生自主挑选一个场景进行描写的环节，让学生巩固所学。再通过老师点评和生生互评引导学生调动学会评价，以评促学。

Step 5 Emotional value and homework.

The teacher leads Ss to conclude together: read more; accumulate more;

imitate more; acquire more.

Polish your writing.

设计意图：引导学生思考并呼应导入的问题：Why do we read? 和学生一起总结出可以通过多阅读，多积累，多模仿，才能多收获。

【教学反思】

高效的英语学习离不开广泛的阅读，课外时间多读一些英语读物绝对是特别明智的选择，既能拓展单词量，还能了解英文的语境表达以及传递的西方文化。

整本书阅读校本课程可以有效地提高学生的阅读能力，同时也教学相长，促进较适合和进步。和单篇文章相比，整本书往往篇幅较长，对学生的时间和注意力投入是一个挑战其中从文章的语言特色部分进行深挖，可以让学生读有所获，学有所得。基于以上原因，本堂课的目标设置如下：

By the end of the lesson, our students will be able to:

1. learn to appreciate some beautiful sentences.

2. summarize the ways to "say" vividly.

3. grasp the skills of different ways of "saying" and can apply them into writing.

4. develop a positive value and attitude and appreciate what we have.

为了实现教学目，设计了相应的教学活动凸显以下意图：

（1）热身与导入，我以Why do we read books？Which is better? 等问题来进行导入，并思考哪组句子更好以及在哪。目的是激发学生的学习积极性，并引发思考"怎样的句子才是好句子"。

（2）收集整理出原著中各种形象生动的句子，引导学生观察并总结出如何用不同的方式表达英语中的"说"。在此环节中以希沃竞赛PK方式以及当前时新的话题以图片的形式生动形象地展示给学生，目的是让学生感受到读写课不枯燥，也可以乐中学。

（3）课堂应用活动：设计了让学生自主挑选一个场景进行描写的环节，让学生巩固所学。

（4）生生互评及老师点评环节，以小组讨论的形式引导学生思考并呼应导入的问题：Why do we read？总结可以通过多阅读，多积累，多模仿，才能多收获。

整堂课上下来整体较为顺畅，激发了学生学习兴趣，教学目标达成。

教学案例三

【教学内容】

《愤怒的葡萄》（译林出版社）是译林高中英语教材必修第三册配套阅读。《愤怒的葡萄》由约翰·斯坦贝克书写，原著出版于1939年，谈到了1929年的股市崩盘，美国进入了大萧条。美国的经济结构发生了变化，贫富差距扩大了，越来越多的人失去了工作，因此失业和贫困成为主要的社会问题。后来，许多人沿着66号公路来到加州，希望找到工作、土地、尊严和他们的未来。

【学情分析】

本课的教学对象为高二学生。他们已经掌握了一些基本的词汇和语法知识，具有一定的阅读能力。但是他们缺乏时间和经验来阅读一整本英语书。此外，他们对大萧条这个话题并不熟悉，他们无法读懂文字背后的感情。

【教学目标】

Language ability：

1. Understand the general idea of this book.

2. Master the personality of the main characters.

3. Get the twist of this novel.

Cultural awareness：

1. Get to know the life in the Great Depression.

2. Reflect on the deeper implications of the description and similarities in our daily life.

Thinking quality：

Improve the ability of divergent thinking and critical thinking.

Learning ability：

1. Cultivate learning ability through cooperative learning and inquiry learning methods.

2. Think about their internal responsibility and apply what they have learned into practical use.

【教学重难点】

1. Students will be able to grasp what the author really wants to express in a book；

2. Students will be able to cultivate their thinking quality and internal responsibility.

【教学方法】

Cooperative Learning.

Situational Teaching.

Activity-based Language Teaching.

【教学设计】

Step 1 Lead–in.

The teacher introduces the background information about this book.

Activity 1： Enjoy a micro-lesson about the background information of this book.

设计意图：通过微课对这本书的背景信息进行介绍，询问学生关于"大萧条"的基本信息，促使学生能更好地理解整本小说，为后面读的环节作铺垫。

Step 2 Read the lines.

Activity 2： Draw the figure relationship diagram.

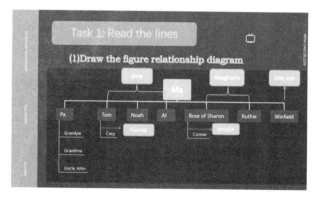

图1

Activity 3: Find out the ending of the characters.

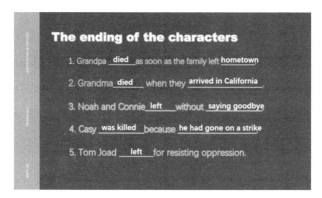

图2

设计意图：通过两个活动来检测学生对整本书的基本内容的了解。

Step 3 Read between the lines.

Activity 4: Conclude the personality of the main characters from some excerpts.

Think: What are the similarities of these main characters?

设计意图：根据人物的对话和对人物的动作描述来推测三个主人公的性格。通过critical-thinking设置，引导学生思考主人公们的在小说中的相同点，拓展思维深度，得出这些主人公思想上发生了改变，实现了"我"到"我们"的转变。

Step 4 Read beyond lines.

Activity 5: Answer three questions and enjoy a video.

Do you think they would win in this union?

If you were in this situation, what would you do?

Are you familiar with this situation?

Think: The development of human civilization is always full of fight, pain and sacrifice. Why are so many people willing to do it? Since study is so hard, why we need study hard?

设计意图：根据上一环节讨论的人物的转变，再问三个问题，以及观看一段关于我国无产阶级斗争的视频，鼓励学生进一步思考，发散思维广度，试图与我们自己的生活找到联系。通过critical-thinking的设置，引导学生思考为什么文明之路充满了荆棘，但仍然有这么多人愿意为之奋斗呢？并与现实生活相联系，进一步提出为什么我们要努力学习呢？引发探究，得出我们和先辈其实是殊途同归，且想要变得更好的过程中，一定会经历磨难这一结论。

Step 5 Summary and homework.

What we discuss today is just the tip of the iceberg. What we need to do is to dig and explore what is under the sea. You can get much during this exploration. So read it again and find more!

设计意图：总结我们一节课所讨论到的绝对只是整本书的冰山一角。鼓励学生再读探索更多。

【教学反思】

以问题引领英语整本书阅读
——《愤怒的葡萄》整本书阅读反思与实践

根据《普通高中英语课程标准（2017版本2020年修订）》提出的核心素养，我们将"整本书阅读与研讨"作为第一个培养高中生核心素养的活动，要求教师"引导学生通过阅读整本书，提高语言能力，拓展阅读视野，提升阅读鉴赏能力，养成良好的阅读习惯和思维品质，促进学生对外国文化的深入学习和思考，加强民族文化意识，形成正确的世界观、人生观和价值观，并养成终生学习的能力"。但在日常教学中笔者发现，当学生真正面对一些外国经典著作的时候，往往或是无从下手，望"整本书"

而兴叹；或是满怀热情地开始阅读，最终却虎头蛇尾，不了了之。为了更好地引导学生完成整本书阅读，根据学情，教者采用"问题引领，任务驱动"的方式，以不同层次和类型的问题引领学生开展阅读，引导学生对文本进行理解与分析、鉴赏与评价、质疑与探究，最终顺利地完成了整本书的阅读。

我们选择了由译林出版社出版的悦读系列《愤怒的葡萄》作为阅读文本。由美国作家约翰·斯坦贝克所写，由美国詹姆斯托马斯塞拉芬改写。之所以选择这个版本，一个是遵从原著，二是适合现阶段高中生阅读。

1. 以入门问题引领学生走近文本

引入部分，教师要以简单、有趣的问题吸引学生。问题的设置要接地气，顺学情，不求高深，但求"亲民"，以问题拉近学生与文本之间的距离，并确定基本的阅读方法。我采取的是录制一个微课，里面包含了整本书的信息背景，然后问一些问题，如"什么是'经济大萧条'？""为什么约德一家要搬去加利福尼亚？"等。这些答案在微课里一下就能找到答案，我通过一系列的入门问题，激发他们的阅读兴趣，介绍了相关背景，帮助他们建构对《愤怒的葡萄》的整体印象，为下一步的读文本做好铺垫。

2. 以基础问题引领学生切入文本

经过入门问题的引领以后，首先进行的是对本书里基本的信息进行提问，主要帮助学生把对本书"碎片化"的理解完整化、系统化。针对基础问题设置，以学生能在文本中找到答案或经过简单思考就能得出答案为准，不必艰深，不拒细微。基础问题的设置可以从以下几个方面入手：

（1）问人物关系：以小说中的妈妈为中心，总共有多少人上了这个车呢？请画出关系图。

（2）问人物结局：每个人的结局都是怎样的呢？以填空设问的形式来降低回答的难度。

3. 以发展问题引领学生深入文本

在经过第一轮提问以后，学生对文本的基本内容有了较为全面的了解，在第二轮提问可设置一些发展性问题，引领学生对文本的主要情节和人物对话等进行品味、梳理和探究，读出文字背后的含义。

（1）问人物性格：根据文本里的对话，行动描写，向学生提问三位主人公的性格特点。

（2）问情绪转变：在一辆拥挤的卡车上装载了13个人，一路向西，他们一开始就是愤怒的吗？

（3）问思想转变：主人公虽然性格各不相同，但是他们有一个共同的变化，是什么呢？是思想上的转变，从"我"到"我们"的转变。

4. 以核心问题引领学生超越文本

这场革命会胜利么？如果你身处当时的情况，你会怎么做？这个是不是和我们国家的无产阶级斗争有点像？那么无论是国外，还是国内，为什么文明发展之路明明充满了荆棘与坎坷，却还有这么多人愿意为之奋斗呢？那我们现在明明读书很苦，为什么还在坚持读书呢？一步一步引导学生去思考，去探索奋斗的意义，培养学生的核心素养。

5. 总结与反思

在问题的引领下，大部分学生顺利完成了《愤怒的葡萄》的整本书阅读分享。从实际效果看，"问题引领"的主要价值一方面在于任务驱动，而"任务驱动可以使学生的阅读目标更加清晰，方向更为明确"，避免了阅读的随意性和盲目性，解决了阅读持续性的问题；另一方面在于激发了学生对文本的思考和分析，在促使其积累知识和经验的同时，促进了其核心素养的建构和提升。在实际操作过程中，还需注意以下几个问题：

（1）问题设置的层次性。教师要尊重学生阅读经验和能力的差异性，根据不同阅读要求设置不同层次的问题，问题要形成梯次，涵盖文本的主要内容，不求学生能回答所有的问题，先求帮助学生顺利读完整本书。

（2）问题类型的多样性。作为经典文本，《愤怒的葡萄》的内蕴非常丰富，针对它的问题设置几乎有无限的可能性。在设置问题时教师还要关注问题类型的多样性，力求这些问题能不断给学生带来新鲜感，持续激发他们的阅读兴趣。

（3）设置方式的灵活性。教师可以引进奖励机制（如问题积分等），引导学生针对自己感兴趣的内容或在阅读过程中遇到的疑问，自主设置问题，以问题触发教师与学生之间、学生与学生之间的交流互动，进而提升阅读的效率。

（4）强调问题的落实。在落实问题时，教师可以引进适当的评价机制，或是要求学生口头回答，或是要求他们以文字、图表等其他形式回答；对于他们感兴趣的问题，还可以鼓励学生以小论文的形式完整地表述自己的观点。

总之，如果通过"问题引领，任务驱动"的方式，引导学生真正地把《愤怒的葡萄》读懂，在充分阅读的基础上，引导他们进行深入的思考和不断的感悟，最终体会到阅读的乐趣，帮助他们建立起阅读经典的信心，摸索出适合自身的阅读方法，也就不负"整本书阅读与研讨"这一活动的举办。在机遇与挑战并存的新课标时代，培养符合核心素养的现代接班人，我们任重而道远。

教学案例四

【教学内容】

本节课的教学内容主要为第六章。

【教学目标】

By the end of the lesson, our students will be able to:

1. understand the historical context of the Great Depression and the Dust Bowl in America in 1930s;

2. comprehend the structure and plots of this chapter;

3. appreciate the rhetorical device of simile;

4. cultivate students' ability to analyze persons' characters so as to help them learn to describe a person through actions and words;

5. cultivate students' correct attitude towards challenges in life.

【教学重难点】

1. Students will be able to comprehend the structure and plots of this chapter;

2. Students will be able to analyze persons' characters and describe a person through actions and words;

3. Students will be able to cultivate students' correct attitude towards challenges in life.

【教学方法】

Cooperative learning.

Situational teaching.

Activity-based language teaching.

【教学设计】

Step 1 Lead-in.

The teacher asks Ss the following questions.

1. According to the two short videos, what kinds of disasters（灾难） did America suffer in the 1930s?

2. If you were one of the farmers in Oklahoma, what would you do to make a living?

设计意图：通过看视频，学生能够直观地了解到20世纪30年代美国正遭受大萧条和沙尘暴的历史背景。

Step 2 Read for the structure.

The teacher leads Ss to answer "How many times did the Joads' truck stop？" and "Where did the truck stop？"

Possible answers：

Three periods in the Joads' journey from Oklahoma to California： Period One（P59—P60）； Period Two（P61—P63）； Period Three（P63—P76）

设计意图：学生通过思考这两个问题，理解小说该章节的结构。

Step 3 Read for the plots.

Period One （P59—P60）：

What challenges did they meet?

How did they respond to the challenges and solve the challenges?

What kind of characters did they have?

表5

Challenges	Responses and Solutions	Characters（性格）

Period Two（P61—P63）：

What situation did the fat man who worked at the gas station meet?

Why did that kind of situation happen at the gas station?

How did the fat man feel towards those people?

Period Three（P63—P76）：

Fill in the challenges and their solutions at period three.

表6

Challenges	Solutions
Challenge 1： Tom couldn't leave the state, Oklahoma, because he（1）_____.	Tom decided to leave Oklahoma, because leaving the state was better than staying back in Sallisaw and（2）_____.
Challenge 2： Their Grandpa died of（3）_____.	The family buried him by themselves because they（4）_____to pay for the funeral.
Challenge 3： The Wilsons'car was（5）_____, they only had thirty dollars left and Sairy Wilson got sick.	Al said he would（6）_____ the car and invited the Wilsons to go to California together so as to help each other.

设计意图：在该环节，学生通过完成一系列的学习活动，深入分析章节结构、深刻理解故事情节。

Step 4 Read for language.

Find out what rhetorical devices（修辞手法） used in the following sentences.

A woman came out, her face wrinkled like a dried leaf with black eyes.（Page 66）

Grandma hopped around like a chicken.（Page 68）

设计意图：学生通过赏析句子，欣赏明喻的修辞手法。

Step 5 Characters analysis.

The teacher leads Ss to answer "What kind of person was Sairy Wilson？" by analyze what she looks like, says and how she acts.

1.Looks like:

3. Acts:

2.Says:

Sairy Wilson's characters:

图3

Work in groups and draw a mind-map to analyze one of those four characters in chapter 6.

| Tom Joad | Jim Casy | Al Joad | Ma Joad |
| | (the preacher) | | |

图4

设计意图： 在此教学环节，教师先带着学生一起分析故事中的一个人物，为学生搭建方法支架和思路支架；再让学生小组合作，分析故事中的其他人物，并绘制思维导图，在此过程中，学生需要对语篇信息进行筛选、分类和整合，运用分析、判断、推理、综合等思维方式，解决综合性问题或转换性问题，发展自主学习能力。

Step 6 Read for writing.

The teacher leads Ss to conclude "How to describe a person vividly in a story？"

Ss continue the story of this chapter.（about 50 words）

Soon, everybody went to sleep. Only Sairy Wilson was awake. She stared into the sky and braced her body firmly against her pain.（Page75）

At that time, Ma woke up and found Sairy Wilson was in great pain._____

_____

（Clues：What would Ma say and do？What would Sairy Wilson say and do？）

设计意图：学生通过上一个学习活动，在分析人物的过程中可体会并感知描写人物的外貌、所言和所为，可以让人物更加生动，从而可以更好地完成本环节的学习活动，将所学为所用，在自己的写作中运用人物描写的方法。

Step 7 Read for theme.

The teacher leads Ss to answer "What's the theme of this chapter？"

Possible answers： Chapter 6 mainly describes the challenges the Joads met during their tough journey to California and how did they work together to deal with those challenges and continued their way to California. It tells us that no matter what challenges or difficulties we meet in our life journey, we should be kind and work together to solve them. Never give up.

The teacher leads Ss to associate the current global situation—the journey to fight against COVID-19 and think about "What should we do？" in the future.

设计意图：通过对书中故事所体现的主题进行分析，进一步实现对学生的情感教育，完成提升学生思维品质的课程目标；联系当下全球疫情，所学联系实际，发表观点。

Step 8 Homework.

Polish your writing and have peer review.

设计意图：此活动要求学生课后进行同伴互评，打磨写作作品，实现合作学习。

【教学反思】

高中英语整本书阅读是对当前碎片化、浅层化英语阅读教学的有利补充。通过进行深入的主题阅读，能够更好地培养学生的读写能力和学科核心素养。

本节课以《愤怒的葡萄》第六章为阅读题材，通过了解美国20世纪30年代经济大萧条和"沙尘暴"的历史背景，对本章所描述的约德一家西迁之路的坎坷经历进行阅读梳理和深层挖掘，探讨不同人物的性格品质及作者刻画人物的写作手法，赞扬穷苦人民在逆境中的善良、团结和百折不挠；最后，在之前阅读理解和实践应用的基础上，创新迁移到我们抗击新冠疫情上，提出大家应该坚持不懈，团结一心。本节课基本完成了既定的教学目标，在语言能力方面，培养了学生以时间顺序梳理故事情节、分析刻画人物性格品质等方面的读写能力；在思维品质方面培养了学生的逻辑性和创新性思维；在文化意识方面，让学生通过小说人物分析，学习善良、团结、百折不挠的优秀品质；在学习能力方面，培养学生的自主学习、合作学习以及探究学习能力。但在学生的小组展示环节，由于时间原因有限，没有给学生充分时间展示各小组的人物分析和读后续写成果，影响了课堂的语言输出效果。因此，在之后的教学中，应合理分配教学时间，适当加快语言输入环节的教学节奏，为后面学生的语言输出留出足够时间，发挥学生的主体性和学习积极性。

教学案例五

【教学背景】

英语整本书阅读教学方式的提出，是为了践行并实现把英语学科核心素养真正融入英语教育中。鲁子问教授曾在一次报告中指出，核心素养时代，阅读教学需发展为阅读教育，课文教学可以是阅读教育，但阅读教育不是单纯的课文阅读教学，语言发展不是阅读教育的第一目的。同时，他介绍了整本书阅读教学的深层意义：通过探索整本书的主题、内容、结构、人物关系、情节发展等，发展整体世界观、整体认知视角、整体认知与整体思维方法。通过整本书系统阅读，深度理解作者所建构的价值与意义、作品的结构美与语言美等。在整本书阅读过程中，建构更丰富的读者自己的价值与意义，形成更整体、更复杂的阅读体验。

【教学内容】

这部作品描写美国20世纪30年代经济恐慌期间大批农民破产、逃荒的故事，反映了惊心动魄的社会斗争的图景。小说饱含美国农民的血泪、愤慨和斗争。该作品获得1940年美国普利策文学奖。小说以约德一家为代表，记叙了他们一家十二口从俄克拉荷马州向加利福尼亚州逃荒的艰难经历。他们将家中的一切变卖后，换来一辆破旧的汽车，一家坐车向西逃荒。到了加州，一切并不像他们想象的那样美好，等待他们的仍然是失业、饥饿和困苦。那里的农场主利用剩余的劳动力压低佃农助工资，各地势力敲诈勒索和迫害流浪的农民。于是农民愤怒了，他们团结起来，奋起抗争。小说标题《愤怒的葡萄》中的"愤怒"便是对导致人们贫困的不公的社会制度的强烈抗议。

【教学目标】

By the end of the period, students will be able to：

1. know about the story according to the order of development—continuous montage.

2. learn from the qualities of the main characters—kindness, love and bravery.

3. learn some reading strategies.

【教学重难点】

1. Students will be able to learn how to be a better person with good qualities；

2. Students will be able to develop a right attitude towards life.

【教学方法】

Communicative approach.

Task-based teaching.

Cooperative learning method.

【教学设计】

Step 1 Pre-reading.

Learn something about the author and the book.

Predict which period of the westward process it was in and what happened to the Joads.

设计意图：通过回顾前面的章节，推测本章节的故事进程，引起学生的阅读兴趣。

Step 2 While-reading.

Task 1: the process of their westward journey.

Leaving Oklahoma → entering Texas → up into Mexico → into the high country of Arizona → getting through Painted Desert → into California.

Chapter 8 focuses on the process of getting into the high country of Arizona, through Painted Desert and into California.

The story is in the order of development, which is called Continuous montage（连续蒙太奇）.

Task 2: what happened in the process?

Into the high country of Arizona：

A border guide stopped them. → No stay, no plants. → Got a little sticker on the windshield.→ Passed quickly.

Getting through Painted Desert：

Drove all night and they were tired, so they camped by the river. → Men went to river for a bath and women stayed at camp. → The Joads decided to go west immediately, while the Wilsons had to stay because Sairy was sick.

Into California：

The Joads drove west and came across an agricultural inspection checkpoint. → They crawled into the mountains and the desert is past. → The Joads finally entered into California.

设计意图：帮助学生了解故事发展的进程。

Step 3 After-reading.

Task 1: What's the meaning of "Okie" and "hogs" in the page 96?

Okies refer to a crowd of people who came from Oklahoma, and were hardworking to get alive. In order to be alive, they have no choice but to stand being dirty and miserable in the process of going west.

Hogs are used to describe the living situation of immigrants to California. There were three hundred thousand of people over there, but everything in California was owned and there wasn't anything left. The immigrants weren't going to get any steady work and were going to scramble for there dinner every day.

Task 2: What can we learn about Ma's qualities from the details?

表7

Details	Qualities
Ma's eyes grew sharp. "She's tired, that's all." Ma refused though, thinking that Grandma wouldn't be able to stand the excitement, and made the woman go away.	considerate heartfelt
Ma's face blackened with anger. She got up and took an iron skillet from a box. "Mister, where I come from they'd tear you to pieces. In my hometown you'd have to watch what you say."	brave courageous plucky / gutty
Ma took the two bills from Pa's hand. She folded them neatly and put them on the ground. "That's where they'll be," she said. "If you don't take them, somebody else will."	accommodating
Ma climbed heavily down from the truck. "Look, mister. We have a sick old lady. We have to get her to a doctor. We can't wait." She showed the police officers Grandma, with her old shrunken face. "Grandma's dead." "When?" "Before the checkpoint last night." "So that's why you didn't want the police to look." "I was afraid we wouldn't be allowed across..." resourceful	quick-witted

设计意图：通过分析细节了解人物性格的刻画。

Step 4 Critical thinking.

What's the meaning of one's life?

Read the following words, and talk about your own idea to our life:

Ma looked at the valley, golden and green. "I wish Grandpa and Grandma could have seen this."

Tom said, "They were too old. They wouldn't have seen anything that's here. Grandpa would have been seeing the Indians and the countryside like he saw it when he was young. And Grandma would have remembered and seen the first home she lived in. They were too old. It's Ruthie and Winfield who are seeing this as it actually is."

设计意图：祖父祖母相继在路途中去世，汤姆的话语表明了他对生死有了自己的客观的看法。通过他的表达让学生去思考生死的意义。

Step 5 Homework.

Read the chapter again and understand the unique writing skill of continuous montage in describing the Joad's westward process.

Enjoy next chapter.

设计意图：鼓励学生课后回读以及阅读下一章，将所学为所用。

【教学反思】

本堂公开课，我选取了《愤怒的葡萄》第八章作为教学内容，经过充分的准备，在四十分钟里顺利完成了教学任务。学生积极参与课堂活动，课堂氛围热烈，一定程度上达到了预设的教学效果。我对自己的这堂课从以下几个方面反思：

1. 课程设计

《愤怒的葡萄》第八章主要内容是约德一家到达佛罗里达州的最后一段行程的描写。导入环节，我带学生先解读书名，然后辅以图片和问题"人在什么情况下会愤怒爆发？"进行发散思维的训练，同时为后面情节解读后所传达的情感产生对比。阅读环节，情节解读以行程为主线，在不同地方发生的故事作为串联，了解约德一家在经过亚利桑那州，穿越佩恩蒂德沙漠，最后到达佛罗里达州的经过。故事情节以填空的形式简要讲述，降低阅读难度，达到快速掌握故事梗概的目的。通过简要复述故事，加强语言能力的训练。细节阅读，找到两个有代表性的词汇"Okie"和"Hogs"来了解佛罗里达州当地人对西行的农民的看法，为后来农民的遭遇埋下伏笔；读后环节，通过具体的语言分析母亲的性格，为后来母亲在斗争中表现的坚强和睿智埋下伏笔。问题的设计有助于锻炼学生的认知能力，培养学生的学习能力。思辨环节，通过对理解西行旅途中农民的心情：坚定美好生活在等着他们，满怀期望的愉快。为后文中农民到达了佛罗里达州进一步遭受压迫，到最后愤怒反抗做好了铺垫，呼应导入部分的问题人什么情况下会愤怒爆发。锻炼学生辩证看待作者在故事叙述的不同部分所要表达的情感。整个设计遵循由易到难，由阅读到思考，再到迁移辩证，层层推进，锻炼不同层次的学生的英语学习能力。

2. 学生表现

课程设计过程中充分考虑了学情，对问题的设计由易到难，并通过图片和语言提示降低阅读的难度，得到了学生积极的配合，并且也激发了学生学习和思考的兴趣，能充分理解作者讲述的故事，准确表达文字所传递的情感，达到了阅读课的目的：读有所得，读有所思。

3. 不足之处

首先，教学活动设计稍显单调，以读和答，问和答为主，没能跳出问题的框框，对学生讨论的积极性调动不够，学生没能真正意义上的主动思考，主动提出问题。其次，问题难度层次感不够分明，对阅读文本挖掘的不够深入，导致思辨环节问题不够有深度，学生讨论时不能多层次多角度地展开，未能充分发散学生的辩证思维，高效培养学生思维品质。其次，课堂指令不够简洁精准，有的问题要重复几次学生才能充分理解，影响了课堂的整体氛围。

4. 改进措施

第一，要更为合理的安排设计小说阅读课程。深入挖掘阅读材料，根据学生已有的认知和经验，设计一个有挑战性的任务，引导学生去解决问题，完成任务。使同学们在主动解决问题的过程中对新知识的理解、情感体验等方面有所收获，有所发展。第二，在组织学生交流中要明确任务的布置，使学生在交流中体会语言知识，通过沟通运用语言，并发现错误，在不断的自我更正中获取新知识，实现思维品质和学习能力培养的交融。第三，要加强教学理论的学习。不断更新自己的理论知识库，并思考如何用理论指导实践，在教学思路和方法上求实、求新、求变。同时注意引导学生在学习方法的突破，培养有效的学习策略和自主学习的能力，真正做到教学相长。

通过这次公开课又一次得到了锻炼，尤其是同行精英和教学专家的指导和建议，帮助我对本堂课有了深刻的反思，也对英语教学有了新的认知和新的追求，受益匪浅。

第三节　高中英语整本书阅读应用创新课

外语教学与外语学习应该坚持"整进整出"的理念，即"整体输入""整体互动"以及"整体输出"。而应用创新课则旨在引导学生依据文本主题、内涵、叙述视角、语言表达等方面，内化语言，同时进行创新表达，形式可以包含故事改编、剧本创作与表演、故事续写等。

教学案例一

【教学内容】

《愤怒的葡萄》由约翰·斯坦贝克撰写，并获得了普利策奖。这个故事发生在1937年的俄克拉荷马州。受大萧条的严重影响，农民一直遭受资本家、地主和大公司的剥削。更糟糕的是，自然灾害不断发生。在这种情况下，他们不得不为了他们的美国梦而搬到加州去了。然而，当他们到达那里时，情况和预期的并不一样。警察把他们赶走了，地主们也降低了他们的工资。他们一直遭受饥饿和无家可归，所以他们变得愤怒，团结起来反抗。

【学情分析】

　　高中的学生已经学习了一些阅读技巧和词汇，而他们很少读像小说这样的英语书。在上课前，学生们已经读过了这些台词，并对这本书有了简要的了解。但是，他们不知道如何分析这本书，比如它们的特点，以及他们可以从学习和生活中学到什么，所以我需要举例说明来进行深入阅读。

【教学目标】

At the end of the class, students will be able to:

1. analyze the characteristics of Ma and find the clues.

2. analyze the characteristics of Tom and draw a mind-map.

3. understand the theme of the book.

4. perform a short play.

5. value the beauty of being kind, helpful and hopeful.

【教学重难点】

1. Analyze Ma's and Tom's characteristics.

2. Perform a short play of a conversation between Ma and Tom.

【教学方法】

Task-based language teaching.

Cooperative learning.

Communicative learning.

【教学设计】

Step 1 Lead-in.

Students open the red envelopes and answer the Wh-questions respectively.

1. Who is the writer?

2. Where did the story happen?

3. When did the story happen?

4. Why did the family move to California?

5. How did the Joad family move?

6. Who are the main characters?

7. What is the theme of this book? （设悬念）

Summarize the story.

Enjoy a clip of the movie.

设计意图：通过Wh-问题的回答，学生能够快速回顾文章故事。同时留下思考的问题：这本书的主题是什么？从而刺激学生思考培养其思维品质。通过拆红包的活动，可以回顾故事，让学生也体会到乐趣。红包不一定是钱，还可以是知识。欣赏电影片段，提升学生兴趣，同时让学生对于妈妈有个深刻印象，并连接到这节课的重点。

Step 2 The analysis of Ma' characteristics.

How to analyze a person's characteristics?

Divide students into 4 groups according to the places they passed along Route 66（Oklahoma, Texas, Arizona and California） to analyze Ma's characteristics.

表1

What characteristics does Ma have?	How do you know（clues）?

Show students how to analyze it by one example.

Students analyze and finish the form above.

Show the mind-map of Ma's characteristics.

设计意图：带领学生分析小说对妈妈在Oklahoma的描述，从而判断妈妈的性格。这里是对人物分析做个示范，方便学生下一步的探索。学习理解：由学生自己去寻找线索有什么性格？是如何知道的？基于老师的例子，在不断的探索中分析出妈妈的性格，培养学生的思维品质以及提高学习能力。学生展示对于妈妈性格的分析，提高学生的语言能力。

Step 3 The analysis of Tom' characteristics.

1. Read the words related to Tom.（selected from the book）

2. Analyze Tom's characteristics and draw a mind-map of his characteristics.

3. Present the mind-map.

4. Further questions：

（1）Why did the writer describe kind of Ma and Tom with these characteristics?

（2）What did the writer want to convey by the book (theme)?

（3）What does the "Grapes" in the title of this book mean?

（4）Can their American dream come true?

设计意图：①应用实践：在分析妈妈的基础和方法指导下练习汤姆的性格分析，并且画出思维导图，从而提高学生的学习能力及语言能力。②主题探索：在分析完两个主角的人物性格的基础上追加两个问题，全文主线四个问题（What characteristics? How? Why? The theme? ）由易到难层层递进，刺激学生思考，培养学生的思维品质。

Step **4** Short play.

Design a scene and plan a short play.

Our school is going to hold a New Year's party. We are going to put on a short play. Please continue the story by performing a conversation of Ma and Tom when they meet again. You are supposed to：

1. continue the story according to our analysis of Ma and Tom；

2. write down the conversation；

3. perform like Tom and Ma with proper intonation and tone.

Perform the short play.

设计意图：迁移性活动。基于妈妈和Tom的性格分析，以及对主题的探索，最后学生以小组为单位合作，为这个小说开放式的结尾进行续编不久之后，汤姆和妈妈再见面时的对话，并且用合适的语调以及表情表演出来。让学生把自己从书中所读，课上所探讨得到的知识运用到续写，也结合了高考读后续写题型，整个过程逐步提高学生的语言能力、思维品质和学习能力。

Step **5** Emotional value.

What can we learn from Ma？

Be hopeful and determined.

Keep warm-hearted and kind-hearted.

设计意图：从妈妈和汤姆的分析，启示学生要保持人性的真善美，遇到问题要坚强自信，从而培养学生良好的文化素养。

Step **6** Homework.

Continue the story in 150 words.

设计意图：联系新高考，学以致用。

【板书设计】

【教学反思】

《愤怒的葡萄》一书，作者是美国文学家、诺贝尔文学奖获得者约翰·斯坦贝克。出版之际，在美国引起了巨大轰动，影响很大。 这本书，从故事情节到人物塑造以及主题都非常精彩。 我的这节课根据故事的发展，探索主要人物妈妈和汤姆的性格的发展变化，从而让学生更深入了理解这本书的主题文化。

约德一家人从自己的家乡出发，沿着66号公路前往加州追寻属于他们的美国梦。这节课就是把学生分为小组去探索妈妈和汤姆在每个地方所表现出来的性格特征。首先以妈妈为例展示学生如何通过人物的外貌描写、行为、语言以及内心活动的描写推断妈妈的性格。接下来，以小组为单位完成妈妈在一路上的性格特征的探索总结，形成思维导图，得出妈妈是一位非常坚强、爱家、聪慧、善良的女性。 这一过程，是学生对于所学方法的学习理解。接下来，应用实践，学生小组探究汤姆一路以来的人物性格变化导图。 他从一个冲动的青少年，转变为了一个有担当、有理想、勇敢的带头人。

分析完两个人物，抛给学生思考：为什么作者要写这样的人物？ 这与故事的主题有什么关系？ 他们的美国梦能实现吗？ 增加问题的难度和深度，刺激学生思考，问题由易到难，加深学生对主题的思索理解。最后，迁移创新活动，利用对两个主角人物性格特征以及本书主题的分析，角色扮演，在两人分开后的某一天，他们再次相聚的所思所想所为，用话剧的形式表现出来。

这节课，从学习理解到应用实践到迁移创新，层层递进。在所用即所学的基础上，充分调动学生的主动性和积极性，延续本书故事，与高考读后续写也紧密结合。 唯一遗憾的是，由于课堂时间有限，学生无法对每组的表演做出评价。

教学案例二

【教学内容】

《愤怒的葡萄》以经济危机时期美国中部各州农民破产、逃荒和斗争为背景。俄克拉荷马和邻近的得克萨斯、堪萨斯、阿肯色各州的农民负债累累，土地被大公司没收，无家可归，只得向西迁移，想在加利福尼亚州寻找出路。

本文故事内容讲的是刚从监狱释放出来的汤姆回到俄克拉荷马的家的时候却发现原来的家里已经空无一人，打听之下才从农民吉姆口中得知，随着工业的发展，当地的农民们都被迫离开该地。汤姆和吉姆在汤姆的叔父家里找到了汤姆的家人，一家人决定到加利福尼亚去寻找新的工作。一家人把所有的行李都放在一辆卡车上便出发了。路上，汤姆的祖母去世了。他们发现了一个地方，专门召集像他们这样的人在那里工作，他们在那里安顿了下来。然而吉姆却意外死亡，汤姆为了给他报仇也杀了人，只能匆匆逃亡。一家人只能离开，去寻找下一个安身的地方，无家可归的农民们到底路在何方……

【学情分析】

本课的教学对象为高一学生，他们的语法基础较好，但是口语表达较为薄弱。而学生在课前已经阅读完了整本书，了解本书的创作背景、作者的写作风格，以及故事的大概内容，掌握了一定的阅读策略，但学生阅读的英语文本较少，对于信息的提取还仍然停留在表面，课上的交流表达次数较少，笔者决定设计此课，鼓励学生深度阅读，积极表达，激发学生的阅读兴趣。

【教学目标】

By the end of the class, students will be able to:

1. have a better understanding of each character.

2. retell a story from different angles.

【教学重难点】

1. It is important for the students to find a way to organize all things that happened to a certain character.

2. It is hard for the students to catch the main events of a certain character.

【教学方法】

Task-based language teaching.

Cooperative learning.

Communicative learning.

【教学设计】

Step 1 Lead in.

Present pictures of the film *The Grapes of Wrath*.

Have students guess which one in the picture is the role of the novel and give reasons according to descriptions in the novel.

设计意图：激活学生的思维，唤醒学生根据自身对于阅读文本的初步记忆和理解，引发对于阅读文本的思考，同时通过人物动作、外貌细节帮助厘清人物关系，触发了学生的深度思考，为接下来的阅读生成做好铺垫。

Step 2 Discussion.

Choose one of their favorite roles and discuss in groups the reasons according to the context and write them down one by one.

For the other characters, what adjectives may you use to describe them? Choose one and list all the reasons according to the context.

Discuss the following tasks in groups.

Task 1: Describe your favorite characters and give the reasons.

Task 2: Describe the other characters with some adjectives and give the reasons.

Tack 3: Discuss how to organize these sentences into a complete story?

Show a time graphic organizer of Sharon's story.

设计意图：引导学生关注阅读文本中的人物形象，把握人物关系，通过抓取形容词，加深对人物的理解，通过自我的理解和他人的分享获得新的阅读体验。而教师通过引导学生结合文本以及自身对文本的初步记忆和理解，去分析以及总结任务人物形象。学生根据对于主要、次要人物的分享和表述，依托于人物关系，还原故事情节，逐步进入深度学习。

Step 3 Story time.

Situation 1：Rose of Sharon told her story to the man she saved.（Gap-filling task as an example.)

Situation 2：Tom who went on with Jim Casy's mission told his story to another striker.

Situation 3：Ma told the boy crying for help her story.

设计意图：教师示范，为学生搭建复述故事内容的脚手架。通过文本研读和体验活动，学生在特定语言情境下理解人物形象的差异性，同时通过口述的方式，内化语言，进行整体输出。

Step 4 Homework.

Students retell the story and have peers review.

设计意图：此活动意在鼓励学生利用更为充足的时间丰富并完善自己的表达，通过与他人协同学习，在合作探究中完善自我的表达并吸收他人的观点，有利于提高学生的语言表达以及语言学习积极性，同时提高了学生的中心意识，其思维活动从表层走向深层。

【教学反思】

开展英语整本书阅读教学是培养学生英语核心素养的一个重要途径，不仅可以提升学生语言能力，培养学生跨文化意识，还能够通过批判性阅读等教学途径促进学生思维品质的养成，并通过顶层教学设计，在整本书阅读活动中，培养学生独立的语言学习能力。但是学生学科素养的形成并非一朝一夕、一蹴而就的事，需要我们从阅读选材、导读、读中各项活动到读后各项活动，进行科学规划，步步推进，逐步落实四维核心素养目标。

本次课是针对《愤怒的葡萄》一书的整本书阅读教学计划中的读后环节。我设计的教学目标有：①感受人物外貌、气质、心理描写方式；②站在不同人物角色立场讲述故事；③启发学生创造性思维，培养学生独立语言学习能力。

整本书阅读读前和读中的主要目的是让学生认真阅读，愿意阅读，但前提是能读懂，所以活动多以带动阅读、推动阅读活动进展以及深入理解为主；而本节课主要瞄准读后的赏析、理解和再创造生成。在整体阅读闭环中，前者属于信息的输入，后者属于信息的再加工和再创造，是一个输出环节。

为了达成教学目标，根据学生目前对文本的阅读和理解情况，我设计了以下几个教学环节：

一是让学生根据对文本中每个人物外貌、动作的理解，去推理电影图片中人物是故事中的哪一个相应角色，并说出理由。这一简单的活动设计达成了两项阅读理解的测试目的；一方面测试学生捕捉人物细节描写信息的能力；另一方面通过说理由，使他们能在错误中辨清人物关系，在正确的阐述中，去深入理解人物性格，以便在后续教学活动中，更好地把握单一人物视角下故事主线。

二是让学生选择喜爱的人物角色，并说出理由，列出理由清单。这一活动的目的是让学生带有目的地去回顾目标人物的主要事迹并进行罗列。后续又补充了对其他人物抓取形容词的教学步骤，方便学生在阐述故事时，厘清人物关系。

三是以莎伦这一故事主要人物为范例，通过填空练习等方式呈现单一人物视角下故事复述的方式。

四是设定学生复述故事情节的语言情境，在特定的听者和述者之间建立一个如电影蒙太奇手法般的语言生成环境，学生在感觉新奇的同时，自然而然地生成了语言能力。但这一教学目的的生成对教师和学生都有着较高的要求，一方面师生对整本书内容必须相当熟练，且老师设置的情景必须合情合理，又要符合前述步骤中对人物性格、人物之间关系的把握，包括对学生在特定场景下故事复述的详略选择都提出了较高的要求。

英语整本书阅读的实用性目的在于通过整书阅读激发学生英语学习兴趣，拓展阅读，积累词汇，加深细节理解能力，品鉴不同文学作品中英语语言使用的魅力，最终生成语言能力，再到记叙文阅读、读后续写等题型中进一步验证这些能力。希望通过本节课的尝试，能从另一个角度呈现我对整本书阅读教学的理解。

教学案例三

【教学内容】

美国经济大萧条时期，俄克拉荷马州的大片农田久旱无雨，广大农民陷入绝境。穷困潦倒的约德一家，被迫背井离乡，乘坐一辆破旧的老式福特牌汽车，向西横越难行的沙漠，到加利福尼亚去寻找安居的乐土。途中，年迈的祖父祖母先后去世，约德的兄弟诺亚悄然离去，约德的朋友凯西遭到杀身之祸，约德也受到追捕。尽管一家人死里逃生、前途茫茫，但母亲仍鼓励大家顽强地活下去。

【学情分析】

学生花费一个月的时间，完成对《愤怒的葡萄》的自主阅读。高中生具备从阅读中获取细节信息的能力，对故事的人物、情节也有了清晰的了解，通过交流探讨课程，理解和整合信息、逻辑推理、分析论证观点、批判评价和创新应用等方面的能力有所提高，对故事文本有了更深层次的理解。

【教学目标】

At the end of the class, students will be able to:

1. complete the story extendibility.

2. creat a short play and perform them.

3. choose any character and continue his/her story.

【教学重难点】

Students are able to use their own language to creat and perform.

【教学方法】

Task-based language teaching.

Cooperative learning.

Communicative learning.

【教学设计】

Step 1 Lead in.

Ss are divided into 8 groups and practice retelling the plots of the story one by one with some specific pictures according to the story mountain to review the whole story.

Each group choose one picture to retell the plot before the class.

图1

设计意图：通过观察相关图片，复述其所代表的故事情节，激活学生对于阅读文本的记忆，调动学生的思维，教师通过提供story-plot-map帮助学生构建复述的故事框架，使学生能够抓住要点，用恰当的语言进行复述，而非面面俱到。此环节能够有效地促进学生内化从阅读文本中学到的语言，同时检测学生对阅读内容的掌握情况。

Step 2 Role play.

Every group of students choose one plot the teacher presents in the powerpoint and is asked to make a short play.

Plot 1： The conflict between tenant and the tractor driver.（chapter 5）

Plot 2： The truth of California.（chapter 16）

Plot 3： The death of Ma Joad.（chapter 19）

Plot 4： The death of the priest.（chapter 20）

Each group is given a few minutes to creat a dialogue and rehearse it.

Ss perform in front of the whole class and the other groups are supposed to evaluate them.

设计意图：在高质量的情境中，学生进行短剧创作，依据人物的性格、背景，创作对话，能够帮助学生理解故事人物情感，获得思想启迪、审美乐趣和文化沉淀。每个小组依次上台表演，教师提供评价标准，其他的小组进行点评，引导学生从多个角度评价，鼓励学生进行逻辑清晰、有理有据的表达，培养逻辑思维。生生互评的另一目的是在于培养评价思维。评价思维又叫批判性思维，通过生生互评，学生可以在评价中，反思、总结、质疑，发展批判性思维。此环节具有一定的挑战性，教师除了对学生要进行专业点评，还要有正向积极的评价，以保证学生的阅读积极性，促进高阶思维。

Step 3 Creating new stories.

Based on the plot each group chooses, teacher resets the plot, and Ss imagine what would happen. The teacher leads students to think about more possibilities based on the personalities of the characters. Teacher could give some examples.

Plot 1：What if Tom Joad were there？/ What if Jim Cathy were there？

Plot 2：What if Ma Joad first knew the truth of California？

Plot 3：What if Pa Joad was the one who witnessed Grandma Joad's death？

Plot 4： What if the priest didn't go to the prison in Tom Joad' stead？

Ss work in a group to discuss and write the story on their own.

设计意图：开放的、富有挑战的、没有唯一答案的任务，能够促进学生多角度、多层次地思考。通过小组协助，学生能够进入更加深层次的思考，探索更多的可能性，体会到当时人们处境的艰难。而通过写作能够使学生的思考沉淀下来，理清思路。

Step 4 Homework.

Ss polish their writing and have peers review.

设计意图：鼓励学生课后继续构思、完善自己的作品，给予学生独立思考的空间。同时，同伴的评价也能使学生得到不同视角的观感，开拓思维。

【教学反思】

整本书阅读教学不同于课内阅读教学，阅读总量大，但是阅读的时间和地点不受限制，其教学目标、教学过程、教学设计存在很大差异。教师需要在课堂中引导学生进行深度思考，并且鼓励学生基于文本和同学分享交流，表达自己的观点，让学生从碎片化的阅读走出来，让真实的阅读发生，才能避免学生读无所获、读无所思的现象。

本堂课的定位为应用创新课，旨在打开学生的思维，让学生和阅读文本对话，同学之间产生交流，相互学习。本堂课设计了依据书本情境编造对话并角色扮演，意图加强学生的语言的整篇输出，培养创新思维能力。而故事新编这一教学设计的目的是对于文本的主题意义有了深入思考分析、评价后，引导学生进行想象创造，激发学生的创新学习。同时因为是故事新编，所以同时需要学生打开思维，摆脱原文的限制，为故事赋予新的内涵。在课堂中，学生对于语篇的演绎和再创作存在一定困难，但是同学们的热情高涨，所创造的作品虽有瑕疵，但能看出同学们在努力地表达，积极地展示，课后对于故事的打磨也富有热情。为学生搭建了展现自我的平台后，我首次看到了学生享受阅读，主动写作，这对于学生和教师而言都意义非凡。

在教学过程中，教师发现在进行小组合作创造表演的时候，有部分小组的分工不明确，导致进度滞后，这是分工不够明确导致的。教师在布置小组人物的时候，应对照组员人数，设计相应数量的角色分工，例如在进行角色扮演的时候，可以设置screen writer、narrator、actors和actress等角色，使阅读不再是孤立的、单向的，每个成员都能参与其中，合作者分享体验，优势互补，促进共同发展。同时，有部分同学语言技能稍弱，在发言过程中不够自信、积极，应多鼓励，尽量避免这类学生被剥夺发言机会。

整本书的阅读教学应以贯彻英语学习活动观，落实多元语言学习活动，在引导学生提升阅读素养的同时，引导学生分析、审视不同的价值观，实现对于主题意义的深层理解，充分体现英语课程的工具性和人文性，落实培养英语学科核心素养的目标。

教学案例四

【教学内容】

以 *The Wrath of Grapes*（《愤怒的葡萄》）为例，在主题意义的引领下，师生在已有认知结构，了解故事背景，弄清该小说的主题语境时人与社会，抓住文章脉络、故事线和情感线。文中大量使用了连续蒙太奇、隐喻蒙太奇和音画蒙太奇等形式。此外，作者还善于采用象征手法，增强小说的表现力和含蓄力。标题中的"葡萄"象征着成千上万受尽压迫的劳苦大众。本节课讲的是通过故事的整体梳理，对人物和主题的探讨，引发学生对于自身学习以及对生活现状的反思。

【教学目标】

1. 理解故事背景、重要情节和相关文化知识。

2. 复习整本书的情节：开头、发展、高潮和结尾。

3. 理清人物关系图，感知主要角色的情绪变化。

4. 探究文章主旨。

5. 批判性思考小说对自身的启发意义。

【教学重难点】

1. 人物的情绪变化。

2. 故事主旨的探讨。

3. 批判性思考。

【教学方法】

Cooperative Learning.

Situational Teaching.

Activity-based Language Teaching.

【教学设计】

Step 1 Lead–in & Revision.

A video is shown to introduce the topic.

Students review the novel by the cover and content.

Students learn the reading strategy about the plot（who, what, where）.

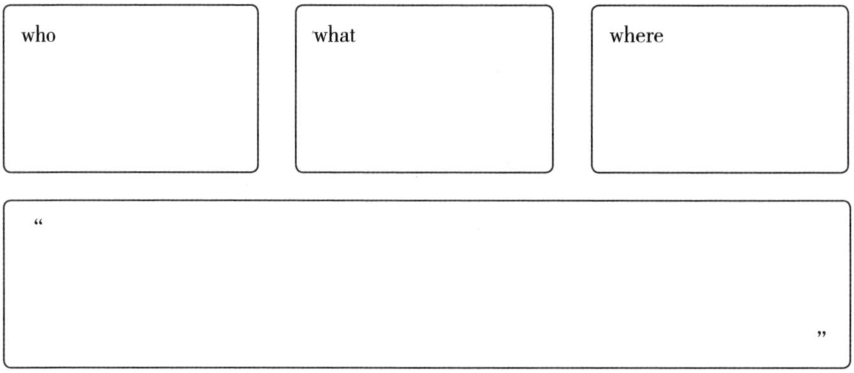

who	what	where

"

"

图2

设计意图：学生系统化略读封面，看到书的全貌和框架，即根据封面、书的标题等复习整本书的主要内容，学习阅读技巧。解析 "3W" 来理解整本书的内容。

Step 2 Understand the plot.

Students review the plot according to their understanding and illustrations.

Students can divide the whole novel into four parts: the beginning, the development, the climax and the end.

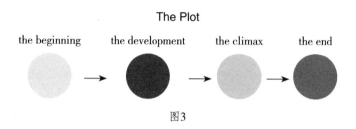

The Plot

the beginning　　the development　　the climax　　the end

图3

Students can drew the Joads' route.

设计意图：通过分析目录和插图，搭建结构支架，学生通过浏览目录来寻找整本书的主线、了解故事的概要、知晓故事情节的发展，从而整体地、系统地把握这本小说。把握作品的结构，弄清楚作品各部分之间的联系，进而领会作品的意图和功能，识别作者的风格等。学生进行思维活动，从而发展学生的系统性思维。学生清楚地知道文章主角的路线。

Step 3 The main characters' changes in emotion.

Have a further thinking about main characters'changes in emotion.

Students draw the mind-map of main characters.

Students understand the changes in emotion by adjectives, verbal phrases and appearance and dialogues.

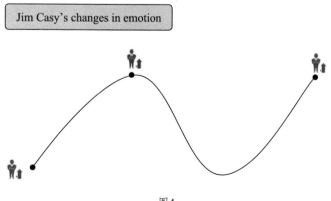

Jim Casy's changes in emotion

图4

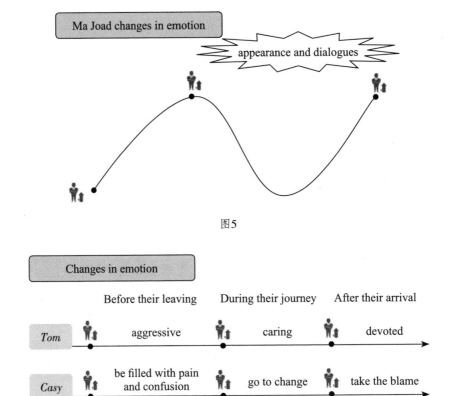

图5

图6

设计意图：学生了解故事中的人物及人物关系，形成思维导图。学生根据故事发生的先后将整本书分为三个阶段：before their leaving、during their journey、after their arrival。

Step 4 Explore the deep meaning of the theme.

Students make out the deep meanings of "grapes".

Students try to end the story from diverse aspects.

设计意图：学生理解葡萄的象征意义。一个开放式的提问引导学生思考多种可能性，进行发散性思维的培养。

Step 5 Explore ways to overcome difficulties.

Students will find out the Joad's way of saving themselves.

Students will understand the best way to achieve high grades is not to change the outside but change themselves.

设计意图： 学生批判性思考主角自救方式的缺陷。思考自己在遇到困难时，不应简单地改变外部环境，而是要发愤图强。

【教学过程分析】

1. 对整本书的学习理解——自主阅读阶段

美国现代小说家约翰·斯坦贝克创作的长篇小说《愤怒的葡萄》主要讲述了经济危机时期，美国中部各州农民破产、逃荒和斗争为背景的故事。俄克拉荷马和邻近各州的农民负债累累，土地被大公司没收，无家可归，只得向西迁移，想在加利福尼亚州寻找出路。小说记叙了约德一家从俄克拉荷马州向加利福尼亚州逃荒的艰难经历。可到了加州，却发现一切并不像他们想象的那样美好，等待他们的仍然是失业、饥饿和困苦。那里的农场主利用剩余的劳动力压低佃农工资，各地势力敲诈勒索和迫害流浪的农民。于是农民愤怒了，他们团结起来，奋起抗争。

学生花费一个月的时间，完成对《愤怒的葡萄》的自主阅读。高中生具备从阅读中获取细节信息的能力，对故事的人物、情节也有了清晰的了解，但是在理解和整合信息、逻辑推理、分析论证观点、批判评价和创新应用等方面的能力有所欠缺。仅仅依靠独立阅读，学生不能清楚地梳理整本书的框架结构和故事发展的脉络。

为此、教师的学习指导引导学生系统化略读封面，看到书的全貌和框架，即根据封面、书的标题等复习整本书的主要内容，学习阅读技巧。who、what、where三个问题文学作品赏析和高阶思维品质培养结合起来。

2. 对整本书的实践应用——分享阅读阶段

高中生在整本书的阅读活动中表现出较强的独立性和深刻性，学习活动既有外显的语言实践活动，也有内在的语言思维活动。为了实现让学生与作品深度对话和全面重构语篇的目标，教师在教学的第二阶段设计了分享阅读活动，引导学生回顾章节内容，让学生厘清小说中的人物关系。接着，教师评价并布置第二阶段的研读重点：结构、人物和主题。教师通过提出和故事线索有关的问题，引出文本结构图，引导学生梳理故事的主线，培养学生的逻辑思维能力。教师共设计了三个活动：

（1）分析目录和插图，搭建结构支架，浏览目录来寻找整本书的主线、了解故事的概要、知晓故事情节的发展，从而整体地、系统地把握这本小说。同时弄清楚主角迁徙路线。

（2）了解故事中的人物及人物关系，形成思维导图。

（3）根据故事发生的先后将整本书分为三个阶段：before their leaving、during their journey、after their arrival。以思维导图形式呈现主角在三个不同阶段的情绪变化，理解故事发展脉络。

分享阅读活动旨在提高学生的语言运用能力和思维能力。在分析完人物的性格变化之后，教师通过问题"所有的变化都源于什么？"引导学生探讨小说的社会意义，培养学生的批判性思维能力。

3. 对整本书的迁移创新——批判性阅读

进行批判性阅读（Critical Reading），如：

Step 2： What do the "grapes" stand for？ Supposing you were the author, how would you end the story?

Step 3： As for students struggling for study, what would you do to get through difficulties?

（1）教师通过问题"What do the 'grapes' stand for？"引导学生进行主题意义的探讨。学生在小组讨论后分享观点。

（2）作者在文章给的是开放式结尾，教师引导学生根据自己的理解，给故事设计结尾。

（3）引导学生积极思考解决自己困难的方法。

通过小组活动探讨葡萄的意义，加深了学生对主题意义的理解，有利于提高学生思维的广度和深度。教师根据学生的课堂生成，引导学生形成正确的价值取向。为进一步深化学生对小说主题意义的理解，教师创设语境，为学生创新应用的平台，为尊重学生的差异，引导学生为故事设计不同的结尾。最后一个活动是对整本书阅读理解的延伸和拓展，进一步加深学生对整本书的理解，实现知识的迁移创新，培养学生的逻辑思维和创新思维。

【教学反思】

1. 践行英语学习活动观，凸显名著育人育心的功能

英文名著阅读是进行人文素质教育的优秀途径之一。本课例充分挖掘文学作品的人文内涵和育人价值。学生从梳理故事主线到分析人物性格，通过了解人物的性格变化，理解故事的发展。通过对葡萄象征意义的探讨到完成最后的创新活动，学生认识到积极面对和解决困难的重要性。名著的育人功能渗透在整个教学的过程中，体现了英语教学工具性和人文性的统一。学习活动设计以葡萄意义探究为中心，从结构、人物和主题三个维度展开，活动具有综合性、关联性和实践性的特点，注重融语言、思维、文化为一体，符合《普通高中英语课程标准（2017年版2020年修订年版）》中英语学习活动观的理念。

2. 尊重学生的认知规律，注重高阶思维品质的培养

学习活动从提取、概括、整合葡萄的事实性信息开始，到最后探究葡萄的意义，这一过程符合学生的认知规律。《普通高中英语课程标准（2017年版2020年修订）》指出，"思维品质指思维在逻辑性、批判性、

创新性等方面所表现的能力和水平。思维品质体现英语学科核心素养的心智特征"。在教学过程中教师让学生的学习活动以思维任务为驱动，通过概括、分析、推断、评价和创造性表达自己的观点等，使学生的思维品质和语言能力均得到了提升。此外，浏览各国书友的评论以及与美国书友的视频交流也拓展了学生的学习渠道，开阔了学生的视野，提升了学生的跨文化交际能力。

第 四 章

高中英语整本书阅读在
教学中的意义

随着中国综合国力的不断增强和国家地位的提高，中国在国际上的影响力越来越大，学好一门外语就变得更为重要。从国际会议、商务沟通、国际项目合作、知识信息共享到日常出国旅游，英语已经成为一种工具语言，渗透到日常交流和社会生活的各个方面。同时这也对我们教师的英语教学工作提出了更高的要求和更多的挑战，传统的课堂教学已经不能使学生英语学科核心素养得以真正地提高，教师必须提高课堂教学效果，拓展教学途径，不断改良和改革教学方法，才能满足新时代对学生提出的语言使用要求。在英语教学的过程中引入整本书阅读，有利于提高学生的语言运用能力，增强学生学习的兴趣，同时能够使学生感受到英美文化和原汁原味的英语语言，有利于教师教学的顺利展开。

作为英语学科核心素养的重要培养途径之一，整本书阅读教学各个环节可以有效落实对学生语言能力、文化意识、思维品质和学习能力，也就是英语学科四大核心素养的培养。而学科核心素养的培养正是英语课程改革的重中之重。整本书阅读因其趣味性、可操作性强，互动平台信息背景搭建充分，可使学生通过丰富的阅读体验和讨论反思等活动培养自己的阅读习惯，不断矫正并建立合理的阅读策略观，调动个性化的阅读情感体验，激发由被动信息获取到主动批判阅读的积极思维训练，在耳濡目染中充分而真实地得到各项核心素养和能力的发展提升，其中尤以学生阅读素养的提升、写作综合能力的提升、思维能力的提升以及文化素养的发展为特点。

第一节　整本书阅读充分提升阅读素养

　　语言能力的重要构成部分"阅读能力"的概念近年来正逐渐被"阅读素养"的概念所取代。阅读素养包括阅读能力和阅读品格两大要素。阅读品格包含阅读习惯和阅读体验，而阅读体验则包含阅读的兴趣、态度和评价等方面。阅读素养综合反映了阅读的习惯、思维、策略、情感、体验等多个侧面，指向学生核心素养的发展。

　　现阶段英语教材语篇以及常见英语补充阅读材料往往因编排或学段考虑进行节选或删改，这种孤立阉割的阅读材料虽然在单元主题化教学语境中有其实际意义，但是这种脱离了作品时代背景、缺乏连贯性的阅读有一定的局限性。整本书阅读不同于教材文章阅读，它的阅读内容较多，阅读时间较长，学生通过探索整本书的主题、内容、结构、人物关系、情节发展等，提升了各项阅读能力，对发展学生阅读素养具有重要作用。而且整本书相比教材语篇，具有高度的情境性和完整性，有更深刻丰富的思想，能够更全面提高学生的人文素质。整本书阅读确保了学生在整体感知作品魅力的情况下，通过导读、人物分析、主题意义探索等不同课型对学生进行诸如朗读和默读的运用，跳读、寻读和略读的交替，精读和泛读的结合等各个阅读技能进行训练。并且因为整本书阅读具有整体认知价值，有助于学生从整体视角拓展认知，减少认知遮蔽。通过整本书系统阅读，学生可以深度理解作者所建构的价值与意义、作品的结构美与语言美等。

学生在整本书阅读过程中还能够建构更丰富的价值体验与品格，形成更整体、更复杂的阅读体验。相比篇章阅读，整本书阅读对读写素养的培养更有优势。

第一，整本书阅读是完整连续、体裁多样的整体阅读，能够完整连续地呈现某一主题的内容。每本书都有一个主题，也就是作者通过作品的内容想要表达的情感，通过教师进行整本书教学价值的分析，可以帮助学生明确整本书的主题，并且围绕主题进行一系列教学活动设计，因为整本书阅读教学具有其整体性、方向性和目标性的意义。

第二，整本书阅读的主题非常丰富。整本书阅读，核心词是"整"，离不开"整体意识""整体把握"，也应当遵循"从整体到部分，再到整体"的规律，让学生经历统整与解释、省思与评价的阅读历程。读透一本书，不仅仅要抓故事情节，更要抓文字背后蕴含的深意，要立足一个核心，找到一本书的脚手架。如果只关注情节和人物概念化的标签，整本书的阅读对于人的培育就没有意义了。为什么要读书？就是为了让人的思维成长起来，让人的精神发育开来。整本书阅读通过各种丰富的阅读材料使学生接触到各种各样的阅读主题，见识不同的价值观念，极有助于培育学生的多样化视角和价值观分辨能力。

第三，整本书阅读的语言非常地道。大声朗读和整本书阅读会调动读者对读物的兴趣，培养自信，增加沉浸感，提高专注度，助力持续性；提升读者的听说读写、词汇语法等综合语言能力，培养语感，习得场景化的自然地道的英语；激活大脑多个区域的活动（听音、发音、视觉、文字），感受整本书的完整逻辑，强化记忆力，锻炼思辨能力，滋养心灵。

由于阅读素养培育具有实践性和综合性，所以在保证阅读实践为主和语言思维文化学习能力的综合发展的基础上，张欢英名师工作室的教师团队在通过整本书阅读进行阅读素养培育的过程中非常注重师生共读，同伴读写等活动的开展。教师在备课时需要遵循一个原则：以成功孕育成功。

对学生来说，当他们在做课堂上的任务的时候，如果能够在老师和同学的帮助下顺利完成，那么他们所获得的持续的学习动力是无可比拟的。在整个师生共读、同伴读写的过程中，根据阅读进度，整本书阅读分为了导读课、推进课和总结课三个阶段性课程。

整本书阅读具体实施过程中，导读课的目的是在学生阅读整本书之前激发学生阅读整本书的兴趣、调动起学生对整本书阅读的期待，教给学生阅读方法、引导学生计划阅读进度等，即引导学生"愿意读"，学习"怎么读"。以问题为引导，让学生阅读时有内在的目标意识，能克服学生阅读时的散漫和迷茫。在学生阅读整本书之前，教师应该给学生提出几个有价值的问题，提出明确的阅读目的，让学生带着问题去读书，带着问题在阅读过程中思考，能够更好地把握整本书的脉络或者重点内容。这就需要教师在导读课上将问题抛出来，在与学生简单交流的基础上带着问题去深入阅读整本书，去书中寻找答案。问题的设计尤为重要，好的问题对学生具有启发性，可以启发学生积极思考。

《愤怒的葡萄》一书记叙了汤姆·约德一家十二口从俄克拉荷马州向加利福尼亚州逃荒的艰难经历，呈现出经济危机期间美国农民的苦难和斗争的画卷。该书作者认为，乐土的梦想之所以破灭，并不是因为土地自身的先天不足，而是因为人的贪婪和暴力。主人公汤姆·约德意识到只有团结才有力量，只有斗争才有出路，才有他们的话语权利，他要团结更多的和他命运相同的人，为给自己家人和苦苦挣扎的人们寻找一条更好的生活之路而奔波，为社会改良而奋斗。《愤怒的葡萄》因其历史性、重要性成为美国高中和大学文学课上的必读书目，并获得1940年美国普利策文学奖。全书语言地道，故事性强，成为张欢英名师工作室首推的整本书阅读课材料之一。在阅读《愤怒的葡萄》一书的导读课上，张欢英名师工作室的林立老师以简单、有趣的问题吸引学生。问题的设置也很接地气，顺学情，不求高深，但求"亲民"，以问题拉近了学生与文本之间的距离，并确定基本的阅读方法。林立老师采取了录制一个微课的教学方式，里面包含了整本书的信息背景，然后提问学生两个问题：①什么是"经济大萧条"？②为什么约德一家要搬去加利福尼亚？

这些答案在微课里一下就能找到答案，通过一系列的入门问题，激发了学生的阅读兴趣，介绍了相关背景，帮助他们建构对《愤怒的葡萄》的整体印象，为下一步文本做好铺垫。后续绘制故事情节线索图，紧扣关键事件，关注人物成长过程；结合具体文段，简要分析文中哪个人物给你留下印象最深，作者是怎样描写的。这一系列的阅读活动任务的开展就显得合情合理。

教师通过导读课设置问题链留下悬念，点燃学生阅读文本的激情，使学生快速进入阅读情境，同时培养他们的预测和想象能力，同时了解作者创作这部小说的缘由。导读课作为整本书阅读的启动课，充分提现了激发阅读兴趣、引导阅读策略的作用。又如张欢英名师工作室的蒋明香老师以"How to read a novel？"为引入，呈现了极具实用性的小说阅读导读课。蒋老师以《愤怒的葡萄》为范例，带领学生在阅读活动中充分运用read the cover、read the guide、read the plot、read the story line and emotional line等阅读策略，鼓励学生在英语原著阅读的实践中去总结、验证和调整阅读策略。

在整本书阅读的三种课型中，整本书阅读推进课教学则起到督促深度阅读、指导阅读方法的作用，在推进课教学环节设计中，张欢英名师工作室的老师们常见的做法有：

（1）展示阶段阅读成果，交流读书心得。首先，师生通过"汇报课"的方式选择个别学生让他们汇报自己近期的阅读情况。阅读推进课期间的汇报重点在于"聊"，是一种不求甚解之下教师与学生之间就作品本身所进行的交流。如分享自己的阅读收获，提出自己的阅读疑惑。而对班级阅读能力相对较弱同学，可以让他们汇报自己的阅读进展。其次，可以在课堂上展示学生在阅读过程完成的阅读单。这样既有助于教师了解学生对某本书的阅读情况，还能激发学生之间的好胜欲，来激励学生持续阅读。最后，可以通过学生在阅读过程中在书中进行的批注以及自己写的心得体会了解不同学生的阅读现状，以便教师调整自己的教学方案。

（2）引领学生进行深入阅读，通过一系列活动使学生开展主题讨论。由于整本书阅读教学具有整体性、方向性和目标性的意义，工作室的老师在推进课上都会以整体设计的方式去延续导读课上抛下的问题。如林立老师通过问题链的方式延续导读课上的启发式风格。经过入门问题的引领，推进课上首先进行的是对本书里的基本信息进行提问，主要帮助学生把对本书"碎片化"的理解以学生能在文本中找到答案或经过简单思考就能得出答案进行完整化、系统化的呈现。针对基础问题设置，提出一些细微而又基础的问题。例如，①问人物关系：以小说中的妈妈为中心，总共有多少人上了这个车并画出关系图。②问人物结局：每个人最后的结局都是怎样的呢？并且在此问设计中，林立老师以填空设问的形式来降低回答的难度。在经过第一轮提问后，第二轮提问又设置一些发展性问题，引领学生对文本的主要情节和人物对话等进行品味、梳理和探究，读出文字背后的含义。③问人物性格：根据文本里的对话、行动描写，向学生提问三位主人公的性格特点。④问情绪转变：在一辆拥挤的卡车上装载了13个人，一路向西，他们一开始就是愤怒的吗？⑤问思想转变：主人公虽然性格各不相同，但是他们有一个共同的变化，是什么呢？是思想上的转变，从"我"到"我们"的转变。

在整书阅读过程中的阅读推进实践活动还包括通过上下文语境获取信息，之后根据已知信息猜测词义，以及通过推理判断准确理解句义。如张欢英名师工作室的赵影老师在带领学生阅读《愤怒的葡萄》一文时，引导学生通过语境与主题意义猜测"okie"和"hogs"的意思。这些都是整本书阅读课的重要内容之一。整本书阅读推进课既能让学生保持阅读的连贯性，又能帮助他们深入了解作品内容，体会文中的情感内涵，保证阅读速度。

推进课开展的阅读活动也有助于维持学生的阅读兴趣。推进课上教师可以设计多种形式的阅读活动，将课堂时间充分地还给学生。如开展角色表演活动、看图辨角色活动、辩论活动、知识竞赛活动等。通过这些学生们喜闻乐见的活动形式，既可以维持学生阅读的兴趣，让学生持续阅读，可以通过发挥他们自己的优势体验阅读带来的快乐与成就感，在活动中学生的思维也得到了潜移默化的发展。

获取文本细节信息能力和文段概括能力也是阅读推进课要培养的阅读素养中非常重要的方面。懂得如何抓要点、如何梳理故事情节、如何体会人物形象、如何揣摩语言的精妙、是阅读素养得以发展的重要表现。这几项能力又在各项阅读实践活动中不断相互促进，并在课堂内外的阅读活动中得到进一步印证，从而形成了学习过程评价中难能可贵的良性循环。

在整本书阅读导读、推进、总结三个环节中，总结课的教学意义是不可不提的。总结课的形式依然可以分为讨论交流、海报展示、作报告、阅读策略分享会，写读后感、写小论文等。以阅读策略分享会为例，赵影老师的课上关注到了在《愤怒的葡萄》一书中，斯坦贝克不时打断故事的叙述，插进一些简练的、印象式的段落，取得有趣的对位衬托效果，仿佛是在用摄像机做记录似的，很快从一幕场景换到另一幕场景，从一个焦点转到另一个焦点。这种电影蒙太奇式的手法，虽然增加了全书的艺术性，但对学生的阅读理解而言却是一大挑战。赵影老师通过一个简单的鱼骨图策略解决了这一问题。我们通过整本书阅读的目的之一就是要形成有效的阅读策略，读完全书能够形成全书的信息图谱。又比如阅读《愤怒的葡萄》时可以用到的内容重构策略、跨界阅读策略。其中内容重构策略是指阅读主体基于进一步的研究目的，在通读全书后，提取相关信息，按照新的形式重新组合并呈现的策略。在内容重构中整理文本相关信息和事件，可以帮助学生理解小说的内容和主题，例如张欢英名师工作室的张之蓉老师在总结课教学设计中，要求学生站在单一人物的立场去复述人物故事，这个过程采用的就是内容重构的策略。而通过与电影的跨界阅读，则能帮助学生拓宽视野，丰富作品主题的解读视角。例如，在观看《愤怒的葡萄》电影时，师生对于主人公"我想我们成了一体，我们也就神圣了，人类成了一体，人类也就神圣了。"这一台词的讨论，更能让学生意识到作者想要通过作品传达的主题：争取生存的权利也许是每一生命个体最神圣的天职，权利的不平衡和人类中心主义不但导致人与自然的对立，也导致人与人的对立，这是世界痛苦的源泉，也更能意识到在斯坦贝克笔下小人物之间的互相关爱、互相同情，这些是人类应当去追求的目标。

一部经典的文学作品是读不尽的，其价值可以跨越时间和空间不断地被发现、被挖掘和被丰富。但从整本书阅读角度来看，由于特定的阅读目的和阅读对象，它又呈现出相对典型的阅读重点。通过整本书，我们可以从结构设计、成长主题、人性呼唤、叙述视角和艺术手法等不同的角度来阐释不同的文本价值。

第二节　整本书阅读促进思维能力发展

　　阅读素养的提升进一步表现为学生思维能力的提升。因为高中英语整本书阅读教学不仅可以帮助学生从英语阅读材料中获取信息，而且可以帮助学生通过阅读认识世界、发展思维，并获得审美体验。

　　《普通高中英语课程标准（2017年版）》指出：思维品质体现英语学科核心素养的心智特征。朱智贤、林崇德指出：思维的批判性是思维的一种极为重要的品质。思维品质主要体现为思辨能力。思辨能力包括思辨技能和思辨倾向，强调认知与情感不可分割。而整本书阅读教学恰能发展学生的思辨能力。

　　整本书阅读教学比武中，张欢英名师工作室的李桂花老师显然理解了通过引导整本书阅读发展学生思辨能力的精髓。在《愤怒的葡萄》导读课中，她通过解析"3W"策略带领学生理解整本书内容，同时利用多样性的学习活动使学生剖析小说的情节线、情绪变化线和主旨线，引导学生批判性思考主角自救方式的优与弊，并且鼓励学生联系自身生活，深思遇到困难时该如何去做。

　　学习者在学习过程中能否有效运用思辨技能，取决于他是否有积极、强烈的思辨倾向。保持积极的学习态度是英语学习成功的关键。有的学生虽然具备一定的思辨技能，但迫于应试压力或在阅读过程中缺乏兴趣和动机，其思辨倾向不足。有些教师已经开始在中学英语阅读教学中探索培养思辨技能的方法，但鲜有教师关注到学生思辨倾向的发展。张欢英名师工作室的老师们在日常研讨中就非常注重研究通过整本书阅读引导学生思维倾向。大家共同认识到促学生思维品质的发展首先要有基于发展思辨倾向的教学目标。在整本书阅读教学的教学目标设定中把对主题意义的探究和论证列在所有教学目标的上位，打破知识本位、技能本位的思想，关注学生的阅读愿望，鼓励学生积极与文本、同伴、自我进行交流。张欢英名师工作室的张之蓉老师在《愤怒的葡萄》导读课中，设定了学生能从不同人物角度复述故事情节的教学目标，引导了学生阅读过程中的发散思维倾向。

此外，在整本书阅读教学过程中教师要有基于发展思辨倾向的文本解读。如工作室的赵银艳老师在带领学生阅读《愤怒的葡萄》一书时，引导学生对小说中的妈妈和汤姆进行人物分析，通过这种对比分析让学生体会不同人物对故事情节的推动作用。

学生在课上还进行了情节表演，既培养了学生的语言能力，更进一步促进了学生良好思维品质的生根落地。在整本书阅读课程中，老师们都非常注重基于发展思辨倾向的文本解读，挑选的话题从思辨倾向的角度来看与学生个人的生活实际相关，有明显的开放性和争议性，也更容易激发学生交流、分享、辩论的兴趣。

综合而言，整本书阅读通过思维能力和思维倾向的培养可从三个方面培养学生思维品质。

一、有助于培养学生的逻辑思维

《愤怒的葡萄》一书属于多线索的故事文本，整本书分为三个阶段：before their leaving、during their journey、after their arrival。

张欢英名师工作室的覃爱民老师提出了"If you were one of the farmers in Oklahoma, what would you do to make a living？""How many times did

the Joads' truck stop？""Where did the truck stop？""What challenges
did they meet？""How did they respond to the challenges and solve the
challenges？"一系列问题。通过引导学生思考种植者何以为生，进而理解
为什么开始这趟旅途，旅途中为什么停车，遇到了哪些困难，更进一步理
解和思考主题：为何愤怒？通过富有逻辑性的问题链，引导发展了学生的
语用能力和信息捕捉技能，同时发展了学生的逻辑思维。

二、有助于培养学生的批判性思维

学生在阅读过程中，对故事传达的主题意义理解越来越深刻。此时教
师通过引导学生对文本内容进行反思，可发展他们的发散性思维和批判性
思维。

例如，张欢英名师工作室的李桂花老师在教授《愤怒的葡萄》时，
启发学生批判性思考主角自救方式的缺陷，启发他们当自己在遇到困难
时，不是简单地改变外部环境，而是要发愤图强。从能不能自救，到如何
自救，学生越来越感受到克服困难的真谛。在教学过程中，教师不断引导
学生进行讨论、辨析、评价书中角色的行为，以获取各种观点。对于故事
的核心，教师需要引导学生进一步深入思考和讨论。通过这样的讨论、思
考、交流，换位思考，学生学会了从关注他人转向关注自己。

三、有助于培养学生的创造性思维

通过整本书阅读，我们还可以培养学生的创造性思维。如在上文提到
的李桂花老师的案例中，学生在讨论过程中，通过主题讨论和语言辨析，
梳理文本信息，结合个人生活实际创造性地表达自己的观点，培养了多元
思维意识和创新思维能力。又比如在张之蓉老师的《愤怒的葡萄》教学案
例中，让角色互诉经历的教学设计，不仅加深了对文本的理解，而且创造
性的任务有助于促进学生创新思维的发展。

在整本书阅读中经常采用的阅读圈教学活动中，通过设定五个角色：分析组长、结构分析者、内容分析者、态度分析者和总结者，教师将学生分为五人组，使学生通过小组合作学习，分析语篇的意义和语言使用，从语篇结构、主题内容和作者态度等角度分析和解读语篇，这种方式也能够培养学生的语篇意识和思维品质。

第三节　整本书阅读综合提升写作能力

　　首先，整本书阅读能够为师生共同搭建一个信息互动平台，有利于全方位提高学生的学习能力。目前，由于教育资源的局限，我国很多地区的英语教学仍然以课堂教学为主，课堂语言毕竟与真实的目的语语言存在较大的差别。而且，以通过考试为目的的应试教学中，很多学生能够通过机械地记忆在短时间内记住大量的单词，但不能说出一句完整、流畅的英语，这种教育毫无疑问是失败的。一些经济发达地区的学校有能力专门聘请外教，能够给学生提供真实的交际情境，对于学生的口语表达能力的提高很有帮助。而经济欠发达的地区在短时间内是不可能实现的，但是可以通过其他的途径来弥补。通过整本书阅读，能够为学生营造一个虚拟的语言环境，在阅读的过程中学习主体会受到潜移默化的影响，学生会在不自觉中关注语言的表达形式、语法规则等，经过长时间的积累，学生的英语学习能力会有一个质的飞跃。

　　学习能力是课程标准规定的核心素养四维之一。其中写作能力则是学习能力的重要方面。在整本书阅读活动中，它体现了学生由输入到输出的语言习得有效性转化，既是学习过程，更是评价过程。

　　《普通高中英语课程标准（2017年版）》要求学生要关注文学语篇的写作风格和主要语言特征，以及语篇中的信息组织方式。如，语篇中新旧信息的布局与承接关系，要关注比喻、拟人、强调、反讽、夸张、对仗等修辞手段在语篇中表意功能及常见用法。而在整本书阅读过程中学生接触的是英美文学经典名著，对学生语言表达能力和写作能力的提升是非常有帮助的。文学作品蕴涵着丰富的艺术价值与审美价值，尤其是那些被誉为文学经典的作品，这些作品经历了时间的考验和沉淀，在文学的长河里得以保存下来。同时，一些著名的文学家往往都是语言运用的大师，他们的作品具有多种多样的风格，或诙谐，或幽默，或讽刺，生动的遣词造句和篇章结构为学生的写作提供了取之不尽的优秀范本。

例如，在整本书阅读《愤怒的葡萄》时，教师首先可以带领学生分析语言，体会书中每个人物的情感，并提高阅读能力。通过此活动，学生能进一步巩固语言知识，为后续角色扮演做铺垫。参加整本书阅读的大部分老师都会引导学生概括文本、深入文本，分享对故事中角色的评价，以及从中领悟的道理。学生在此环节有感情地朗读故事，巩固语言，丰富角色情感。最后进行小组讨论，评价角色，深化主题意义。在读者剧场等类似角色扮演环节中，学生以感兴趣的方式进行语言输出，能够提高其口语能力，并使其再次思考，与角色进行心灵的沟通。学生对于戏剧表演非常感兴趣，而且利用戏剧元素能够更好地帮助学生体会人物，挖掘内涵。最后学生通过梳理、概括文本信息，根据自己的理解构建新的结局，创造性地表达自己的想法，为故事续写一个新的结局。教师指导学生将书本结局进行续写，以此检验学生对于书本内容的理解和感悟是否准确。但由于续写难度较大，教师可指导学生进行片段续写，改写结局，注意改编的规范性和创造性，设置分层作业，以此培养多元思维意识和创新思维能力，逐步促进学生形成独立的思想。例如张欢英名师工作室的覃爱民老师，在引导阅读《愤怒的葡萄》一书时，先通过提问"How to describe a person vividly in a story？"让学生总结并模仿书中人物描写的方法，再截取一个章节片段，让学生作50字续写训练。所以教师在备课时要结合学生的实际学情来设计合适的读写任务，如果学生能力强，读写任务设计可以难一点，如果学生能力弱，读写任务就设计得简单一些。

整本书阅读对学生写作能力的提升很大程度上更取决于教师的引领作用。教师应以成功来培养孩子的成就感，让孩子对英语读写产生兴趣。例如学生在学习译林版新教材中著名作家海明威的名作《老人与海》时，如果仅仅阅读课文节选，学生是很难领悟到海明威这篇小说的艺术魅力的。如果教师在课前能带领学生去完整阅读这篇感动了成千上万的读者，从某种程度影响了西方价值观的经典小说，引领学生通过自己的阅读体验感受小说中蕴涵的那种百折不挠的精神力量，简洁平实而又有力的自我激励式的语言，毫无疑问是有利于后续写作教学工作的开展的。学生在阅读他的作品时体会到的都是地道、原汁原味的英语，经过不断地阅读积累对培养学生良好的语感是非常有利的。并且丰富的语言材料和令人印象深刻的语言文字背景，为教者实施语言架构提供了强大的语言库和输出逻辑，使学生在生动的语言环境中积极有效地实现了从精准用词、精妙用句到精巧布局等一系列写作能力的提升。在此过程中，教师发挥着非常重要的课堂支持者的作用。教师要给学生提供语言支架、思维支架和策略支架。策略支架包括认知策略和元认知策略。例如通过构词法来预测新单词的含义，这是认知策略的指导。再如张欢英名师工作室组织的整本书阅读教学比武中，李景翔老师的课抓住小说中的语言特色，收集原著中各种形象生动的句子，引导学生观察并总结出如何用不同的方式表达英语中的"说"，并链接读后续写题型，鼓励学生将所学应用在自己的写作中。这节课对我们的启示是整本书阅读不单为读而读，还能够为我们应对读后续写这一学生深感吃力的高考题型提供源源不断的助动力。同样在辅导阅读《愤怒的葡萄》一书时，李桂花老师启发大家在实际生活中遇到同样的困难该如何处理应对，这是对学生元认知策略的指导。

从方式上讲，除了读后续写，在整本书阅读教学中，教师通过要求学生摘抄、做批注、写体会或概括章节、整书大意等常规手段都可提升学生综合写作能力。

　　此外，整本书阅读搭建的信息互动平台可以充分发挥同伴互助的作用。通过课堂创设小组合作、教师帮助的社会交往情境，使学生在与同学和老师互动的社交情境下，不断提升读写素养。通过整本书阅读，学生获取的书中内容知识、结构知识和交际知识都能够迁移到写作中。更重要的是，整本书阅读可进一步促进语言理解，增进词汇和句式的丰富性。这一点之所以重要，因为如果不做语言的要求，孩子就会用自己已有的语言来进行表达性产出，这样的任务虽然对孩子的思维发展有帮助，但是孩子的语言能力并没有锻炼和提升。这就要求教师在整本书阅读教学中需要采用显性教学，一个学期至少有5～6节课做写作的显性教学指导。在显性教学的同时持续强调语言输出的场合性规范，重视语言表达能力的积累过程。

第四节　整本书阅读提升学生文化素养

　　整本书阅读教学的意义还体现在对学生文化素养的提升中。作为社会文化语境的产物，整本书反映了一定的社会意图和文化特征，并英语课程内容和英语学习活动观旨在发展学生的英语学科核心素养以此使文字与特定的社会文化意义联系在了一起。《普通高中英语课程标准（2017年版）》中强调，要使学生围绕某一具体的主题语境，基于不同类型的语篇，在解决问题的过程中，运用语言技能获取、梳理、整合语言知识和文化知识，深化对语言的理解，重视对语篇的赏析，比较和深挖文化内涵，汲取文化精华。整本书阅读融语言知识和文化知识的学习与语言技能的培养为一体。在引导《愤怒的葡萄》一书阅读中，林立老师以read the lines、read between the lines、read beyond the lines三步骤展开课堂教学，带领学生不仅读懂小说字里行间，更将小说的精神融入家国情怀，提醒学生不忘先辈为国家发展所付出的努力与牺牲，并鼓励学生在未来争做家国栋梁。在整本书阅读教学中，教师通过对作者及其作品创作背景的导读，帮助学生准确把握作品的情感基调，引领学生走近作品，为学生在后续阅读中更好地体会作品蕴含的情感态度，以及从心灵深处产生崇善尚美的情感共鸣做好铺垫。

　　整本书阅读能够培养学生的文化意识还体现在加强学生对目的语国家社会历史的了解。英美文学的阅读能够使学生亲身感受东西方文化的巨大差异，提高学生的人文素养，增强学生对英美文化的兴趣，提高对文化现象的感悟能力。如果学习一门外语，只是机械地记忆单词和语法规则，那就只能局限于表层的学习上，只有对目的语国家的历史与文化有一定程度的理解，才能够减少在跨文化交流中产生的障碍，使交际活动顺利展开，而整本书阅读活动恰好能满足这一要求。阅读的过程是认识不断加深和知识不断巩固的过程。只有通过亲身的阅读实践、接触大量的语言材料，才能够形成对目的语语言环境和文化内涵的敏锐感知力。一方面，通过整本书阅读能够扩大学生的词汇量，学生能够在英美文学的阅读中积累很多常用的口语知识，有效地提高学生的语言运用能力，扩大学生的知识面，开阔眼界；另一方面，文学作品中蕴涵着丰富的人文精神和文化底蕴，通过日积月累的阅读，学生能够形成自己的阅读个性，对文学作品做出准确的价值判断和审美判断。

整本书阅读还能够开阔学生的眼界，拓宽学生的知识面，使学生能够通过自主学习掌握基本的文学常识，提高课堂学习效率，出现在英文教材中的篇目一般而言都是比较经典的，有文学价值和社会价值的。很多通行的英文教材会从经典的文学名著中选取比较精彩的、有代表性的片段作为主要教学内容。如果学生对教学内容有一定的了解，就可以将课堂上的部分时间用于课堂讨论和交流。整本书阅读教学中，教师还可以引导学生了解书中故事发生的历史背景和整书的文化背景，如文学流派等。

同时也可以利用多媒体作为教学的辅助手段，丰富整本书阅读教学形式。一些经典的文学名著如《老人与海》等不仅出现在了英语教材中还早就被改编成了电影。在整本书阅读的同时去欣赏根据文学名著改编的电影在某种程度上也可以算作对英美文学经典的另一种感知方式。通过多种多样的教学手段和丰富的教学内容能够极大地激发学生的学习兴趣，提高学生的课堂参与度，提高学生的文化素养。

总之，通过整本书阅读我们能够培养学生的跨文化意识，加强学生对目的语国家文化背景的了解。整本书阅读能够使学生亲身感受东西方文化的巨大差异，增强学生对中国传统文化与西方文化进行比较的兴趣，从而提高学生的人文素养，提高对文化现象的感悟能力。如果英语学习只停留在机械地记单词、背语法，那就只能学会"哑巴英语"，只有对目的语国家的社会、历史和文化有一定程度的理解，才能够减少在跨文化交流中的障碍，使交际活动顺利展开，而原汁原味的整本书阅读活动恰好能满足这一要求。学生的认知过程是一个认知层面不断加深和信息不断积累的过程。只有通过接触大量的语言材料，通过亲身的阅读实践，才能够形成对目的语语言环境和文化内涵的敏锐的感知力。通过整本书阅读能使我们感知到语言。语言能力本身包含了如何去鉴赏理解文学作品，进行信息交流与价值创建，因此语言能力中的赏析能力是非常重要的。同时我们也要强调文化意识在教学中的内容，包括文化的比较与判断，例如通过中西方文化的比较，学生会更加主动去了解中国传统文化。文化目标的达成是学生"长期浸润"的结果。

参 考 文 献

［1］刘惠，陈倩，赵璐.高中英语读写结合教学新模式［M］.长春：吉林大学出版社，2018.

［2］冯蕙璇.高中英语"整本书"阅读教学行动研究［D］.聊城：聊城大学，2021.

［3］Krashen S. Second language Acquisition and Second Language Learning ［M］.Oxford：Oxford University Press，1988.

［4］SWAIN M. The Output Hypothesis： Just Speaking and Writing Aren't Enough［J］.Canadian Modern Language Review，1993（1）：158-164.

［5］陈小峥.二语习得中的输入与输出［J］.校园英语（教研版），2012（1）：4-5.

［6］陈学斌.当代英语教学使用模式与技巧［M］.北京：清华大学出版社，2002.

［7］葛余健.UbD逆向设计理论指导下的高中英语整本书阅读教学设计——以Classic Detective Stories的阅读课为例［J］.教学月刊：中学版（外语教学），2022（6）：52-55.

［8］郭畅，高倩霖.EIASR阅读模式下高中英语整本书阅读教学实践——以简写本Frankenstein为例［J］.江苏教育，2020（43）：43-47，52.

［9］韩宝成.整体外语教育及核心理念［J］.外语教学，2018（2）：52-56.

［10］胡琴．浅谈如何开展高中英语名著课外阅读活动［J］．英语教师，
　　　2015（11）：60-61，74．

［11］金海玉．浅析语言输入，互动，输出假说与二语习得的关系［J］．海
　　　外英语，2012（18）：226-227．

［12］刘建军．基于"弗雷塔格金字塔"情节结构模型的高中英语短篇故
　　　事教学设计探索［J］．中小学英语教学与研究，2017（9）：22-26．

［13］刘润清，韩宝成．语言测试和它的方法［M］．北京：外语教学与研
　　　究出版社，2000．

［14］鲁子问，陈晓云．英文名著阅读教育实践探索［M］．北京：北京教
　　　育出版社，2020．

［15］吕良环．外语课程与教学论［M］．杭州：浙江教育出版社，2003．

［16］马德利，徐国辉，张金秀．运用蓝思分级阅读体系提升中学生英语
　　　阅读素养的案例研究［J］．中小学英语教学与研究，2017（5）：
　　　45-50．

［17］聂玉景，张艳．副文本视域下的高中英语整本书阅读教学设计［J］．
　　　英语教师，2020，20（6）：79-83．

［18］田艺炜，刘力菔．指向核心素养的高中英语整本书阅读教学实践
　　　［J］．教学与管理（中学版），2022（5）：48-51．

［19］王慧．高中英文名著阅读教学助力学科素养提升分析［J］．英语教
　　　师，2018，18（20）：80-83．

［20］王旅，余杨奎．建构主义学习理论剖析［J］．当代教育论坛，2010
　　　（12）：13-15．

［21］武秀梅．新课改背景下高中英语阅读教学的调查研究——以河北省
　　　某中学为例［D］．石家庄：河北师范大学，2013．

［22］谢红霞．建构主义对高中英语阅读教学指导的研究［D］．武汉：华
　　　中师范大学，2011．

[23] 中华人民共和国教育部.普通高中英语课程标准 [M].北京：人民教育出版社，2017.

[24] 徐静芳.蓝思分级阅读体系下提升高中生英语阅读能力的实践 [J].中小学外语教学（中学），2019，42（4）：18-22.

[25] 张琳琳.高中英语阅读教学的现状分析及对策研究 [D].长春：东北师范大学，2010.

[26] 张金秀，徐国辉.积极阅读者育人导向下中学英语分级阅读课程化建构 [J].中国教育学刊，2018（7）：69-74.

[27] 张金秀.中小学英语整本书阅读的五点主张 [J].英语学习（教师版），2019（7）：55-57.

[28] 周维.高中英语阅读探究教学研究 [D].杭州：杭州师范大学，2015.

[29] 张金秀.中学英语书籍阅读策略探析 [J].中小学外语教学（中学），2018，41（8）：1-6.

[30] 刘思瑜.英美文学与英语教育 [J].哈尔滨职业技术学院学报，2006（2）：45-46.

[31] 孙江.浅析英美文学在英语教学中的重要意义 [J].青年文学家，2011（10）：72.

[32] 张春开.浅谈英美文学在高中英语教学中的渗透 [J].英语教师，2012，12（4）：7-12.

结 束 语

    阅读首先是为了传承和发展文化而进行的个人和社会的一种行为，名著阅读的基本价值在于传承人类的集体价值追求，促进个人的集体价值建构。英文名著阅读是语言发展的基本目标，也是实现语言发展的有效方式。对老师来说，一个真正热爱阅读的老师，自然会成为学生阅读的导师。《普通高中英语课程标准（2017年版）》明确提出：教师应注意指导学生积极开展课外听读活动，广泛阅读可以让学生体验更丰富的语篇文体，使他们逐步养成良好的阅读习惯。通过整本书阅读学生可以发展阅读能力，学习语言和人文、科学知识，并拓展思维，提高审美、鉴赏和评价的能力。

    整本书阅读中的导读课不仅有利于引导学生了解整本书的语言风格与情节意境，而且能引发学生的好奇心，启迪学生深度思考，进一步建立整本书的概念。在整本书阅读的过程中教师以主题意义为引领，选择充分体现亲情、爱情、友情的主题精彩片段，让学生通过"寻—思—读"体验阅读乐趣，并深刻领悟文字背后的深意，同时通过讨论，走进人物心灵，深化意蕴理解，助力思维由低阶走向高阶。

    整本书阅读更有利于调动学生学习的积极性。在阅读的过程中，学生通过自己的阅读体验会形成一定的心得体会，对于某个问题会有自己的观点和见解，或者是在阅读中遇到某些难以理解的问题，会急于和同学、老师交流和沟通，师生之间、同学之间可以就这一问题展开充分的论述，各抒己见，在听取他人意见的基础上不断丰富和完善自己对该问题的看法。通过自己的阅读实践来解决问题，学生在这个过程中不仅能够感受到学习的乐趣，而且能够获得自信心和荣誉感，有利于学生健康人格和良好心态的形成。在学习中加强师生之间和同学之间的交流和沟通，不仅有利于问题的解决，而且能够增进师生之间和同学之间的友谊。同时，在阅读的过程中感受到文学的魅力，感受到学习的乐趣，形成良好的学习氛围。

但是整本书阅读教学需要改变传统阅读教学中读前、读中、读后的碎片化模式，按照"整进整出"的原则，引导学生进行整体阅读，并采用多样化的导读活动，引导学生围绕主题开展与文本、与作者、与他人、与自己的对话，不断探究和建构主题意义，让他们在阅读过程中感知文本的整体性、内容的丰富性、思维的连续性以及语言的地道性。

整本书阅读教学不是简单的阅读材料的增加或调整，而是涉及教师和学生的教与学思维的转变。教师需要和学生一起不断尝试、不断实践。只有爱读书的老师，才能培养出爱阅读的学生。实践出真知，教师应该躬身实践，只有扎根于整本书阅读教学的沃土，才能获得足够的营养，才能对整本书阅读教学的内涵、价值进行准确的把握，只有这样才能设计出符合整本书阅读教学价值的教学设计。